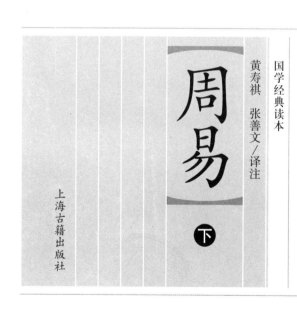

国学经典读本

黄寿祺　张善文／译注

周易

下

上海古籍出版社

卷六

蹇卦第三十九

䷦　蹇①：利西南,不利东北②；利见大人,贞吉③。

【注释】① 蹇：音 jiǎn,卦名,下艮(☶)上坎(☵),象征"行走艰难"。
② 利西南,不利东北：西南,象征平地；东北,象征山麓。此承卦名"蹇"而言,说明当"蹇难"之时,所行宜于避险就夷,故"利西南,不利东北"。
③ 利见大人,贞吉：此谓处"蹇"之时,利于"大人"奋起济难,并须守持正固,则可获吉祥。本卦九五刚中居尊,诸爻处位得正,即合此象。

【译文】《蹇》卦象征行走艰难：利于走向西南平地,不利于走向东北山麓；利于出现大人,守持正固可获吉祥。

《彖》曰："蹇",难也,险在前也；见险而能止,知矣哉①！"蹇,利西南",往得中也②；"不利东北",其道穷也③。"利见大人",往有功也④；当位"贞吉",以正邦也⑤。蹇之时用大矣哉⑥！

【注释】① 险在前也；见险而能止,知矣哉：险,指上坎；止,指下艮；

知,即"智"。此以上下卦象,合前文并释卦名"蹇"之义。　②往得中:中,犹言适中、合宜。此释卦辞"利西南",谓蹇之时行于西南平地是合宜之道。　③其道穷:释卦辞"不利东北"之义。　④往有功:释卦辞"利见大人"之义。　⑤当位"贞吉",以正邦也:当位,指六二以上诸爻居位均正,初爻虽以阴居阳,但最处卑位,其义亦正:故全卦六爻皆含守正济"蹇"之义。此以爻象释卦辞"贞吉"。　⑥蹇之时用大矣哉:此句总结全《彖》,叹美济蹇之时,其用至大。

【译文】《彖传》说:"蹇",意思是行走艰难,譬如险境就在前面,行走必难;出现险境而能停止不前,可以称为明智啊!"行走艰难之时,利于走向西南平地",这样前往就能合宜适中;"不利于走向东北山麓",往东北必将路困途穷。"利于出现大人",说明前往济蹇必能建功;居位适当"守持正固可获吉祥",说明可以摆脱蹇难端正邦国。处于蹇难之时济蹇的功用是多么宏大啊!

《象》曰:山上有水,蹇①;君子以反身修德②。

【注释】①山上有水,蹇:释《蹇》卦下艮为山,上坎为水之象。②反身修德:反身,即"反求自身"。这是说明"君子"观《蹇》卦之象,悟知处"蹇"之时,先须"反身修德"然后才能济蹇涉难。

【译文】《象传》说:高山上有积水,象征"行走艰难";君子因此当行走艰难之时反求于自身、努力修美道德。

初六,往蹇,来誉①。

【注释】①往蹇,来誉:往,犹言"进";来,犹言"退"。此谓初六处"蹇"之始,阴柔卑下,上无应与,故犯难冒进必"蹇",识时退处则有"誉"。

【译文】初六,往前行走艰难,归来必获美誉。

《象》曰:"往蹇来誉",宜待也。

【译文】《象传》说:"往前行走艰难,归来必获美誉",是说应当等待时机。

六二,王臣蹇蹇,匪躬之故①。

【注释】① 王臣蹇蹇,匪躬之故:臣,犹言"臣仆",《帛书周易》作"仆"字;蹇蹇,形容努力济蹇的情状,《尚氏学》"言勉劳也";躬,自身;故,《广雅·释诂三》"事也"。这两句说明六二当蹇难之时,柔顺居中,上应九五,志在济蹇,犹如"王臣"尽职勉劳不为己身。

【译文】六二,君王的臣仆努力奔走济难,不是为了自身私事。

《象》曰:"王臣蹇蹇",终无尤也。

【译文】《象传》说:"君王的臣仆努力奔走济难",说明六三终将无所过尤。

九三,往蹇,来反①。

【注释】① 往蹇,来反:此言九三以阳处下艮之上,前临坎险,下据二阴,故往则遇"蹇",反则得所。

【译文】九三,往前行走艰难,归来退居其所。

《象》曰:"往蹇来反",内喜之也①。

【注释】① 内喜之:内,指内卦二阴,阴喜阳归;之,指九三"来反"之事。

【译文】《象传》说:"往前行走艰难,归来退居其所",说明内部阴柔者都欣喜九三归返。

六四,往蹇,来连①。

【注释】 ① 往蹇,来连:连,犹言"接连蹇难"。此谓六四当蹇之时,虽柔顺得正,但以柔乘凌九三之刚,下与初六无应,自身又处坎险,故有往来皆遇蹇难之象。爻义主于"时位"如此,其难不可避免。

【译文】 六四,往前行走艰难,归来又逢艰难。

《象》曰:"往蹇来连",当位实也①。

【注释】 ① 当位实:指位当其实,难非自招。

【译文】《象传》说:"往前将遇蹇难,归来又逢艰难",说明六四正当本实之位(蹇难并非妄招)。

九五,大蹇,朋来①。

【注释】 ① 大蹇,朋来:此谓九五阳居坎中,当"大蹇"之时,以阳刚中正之德下应六二,故友朋纷来,共济蹇难。

【译文】 九五,行走十分艰难,友朋纷纷来归相助。

《象》曰:"大蹇朋来",以中节也①。

【注释】 ① 中节:《正义》:"得位居中,不易其节。"

【译文】《象传》说:"行走十分艰难,友朋纷纷来归相助",说明九五保持阳刚中正的气节。

上六,往蹇,来硕;吉,利见大人①。

【注释】 ① 往蹇,来硕;吉,利见大人:此谓上六以阴居《蹇》之终,蹇极将通,若往前则不但无益而将更生蹇难,来归本位附从九五之尊则有大功,故"吉",并"利见"九五"大人"。

【译文】上六,往前行走艰难,归来可建大功;吉祥,利于出现大人。

《象》曰:"往蹇来硕",志在内也①;"利见大人",以从贵也②。

【注释】① 志在内:指上六既归从九五,九五应六二,上六应九三;二、三均处内卦,则上、五之志并在合内以济"蹇",故曰"志在内"。 ② 从贵:贵,指九五贵居"君位"。

【译文】《象传》说:"往前行走艰难,归来可建大功",说明上六的志向在于联合内部共同济艰;"利于出现大人",说明上六应当附从于尊贵的阳刚君主。

【总论】《蹇》卦取名为"蹇",其旨在于喻示济涉蹇难的道理。卦辞所发之义约有三事:一、济蹇必须进退合宜。所谓利于"西南"平地,不利于"东北"山麓,即表明此时可进则进,不可进则退。二、"大人"是济蹇的主导因素。所谓"利见大人",事实上是揭示"蹇难"之时,期待着聚合各方力量、统一上下意志的"权威"性因素,有此"权威"为"主导",则险厄可济,蹇难可解。三、济蹇又必须守持正固。所谓"贞吉",即言行为不违正道,上下同舟共济,必能济蹇获吉。卦中六爻,便围绕这三方面意义,展示了处在不同环境、地位中的济蹇情状。初六位卑无应,犯难冒进则遇蹇,退处待时则有誉;六二柔中应刚,当如"王臣"不计私利、尽心济难;九三刚正而险难当前,须暂退"安内",然后求进;六四柔正而前后均险,不可进而须自守正固;九五阳刚中正,为"大人"济蹇之象,虽时"大蹇",却有"友朋"来归,共济危难;上六蹇难将解,附从"贵君"以建"硕大"之功,终获吉祥。综观六爻大义,各爻均示人善处蹇时,勉力济蹇;但全卦到了上爻才言"吉",则隐含着匡济蹇难必须经历长期、艰苦的过程,才能见其功效。《孟子·告子下》曰:"必先苦其心志,劳其筋骨,饿其体肤",似与这一道理略可谐合。

解 卦 第 四 十

䷧　解①：利西南②；无所往，其来复吉③；有攸往，夙吉④。

【注释】① 解：卦名，下坎(☵)上震(☳)，象征"舒解"险难。　② 利西南：西南，象征"众庶"之地。此言舒解险难，利在施于众庶，使群情共获舒缓，故曰"利西南"。　③ 无所往，其来复吉：这两句说明无危难之时无所前往，以"来复"安居、修治其内为吉。　④ 有攸往，夙吉：夙，早也，此处与"速"义通。这两句与前文"无所往，其来复吉"对举，说明出现危难之时，应有所前往，并以及早前去、迅速舒解为吉。

【译文】《解》卦象征舒解险难：利于西南众庶之地；没有危难就无须前往舒解，返回安居其所可获吉祥；出现危难要有所前往，及早前去可获吉祥。

《彖》曰：解，险以动，动而免乎险①，解。"解，利西南"，往得众也②；"其来复吉"，乃得中也③；"有攸往，夙吉"，往有功也④。天地解而雷雨作，雷雨作而百果草木皆甲坼⑤：解之时大矣哉⑥！

【注释】① 险以动，动而免乎险：险，指下卦坎为险；动，指上卦震为动。此以上下象释卦名"解"之义。　② 往得众：此句释卦辞"利西南"之义;西南既为"众地",则前往解难必得众人拥护,故"利"。 ③ 得中:得适中之道,与《蹇》卦《彖传》"往得中"义同。此句释卦辞"无所往,其来复吉"。 ④ 往有功:此句释卦辞"有攸往,夙吉"。 ⑤ 天地解而雷雨作,雷雨作而百果草木皆甲坼:雷,指上卦震;雨,指下卦坎;甲,此处指植物种子的皮壳;坼,音 chè,破裂,《说文》"裂也"。这两句又以上下卦有"雷雨"之象,广举"天地"、"草木"于春季"舒解"的情状,阐发《解》卦大义。 ⑥ 解之时大矣哉:这是归结上文两句,叹美"舒解"之时的宏大功效。

【译文】《彖传》说:舒解险难,譬如置身险境而能奋动,奋动解脱就避免落入险陷,这就是舒解险难。"舒解险难之时,利于西南众庶之地",说明前往解难,必将获得众人拥护;"没有危难就无须前往舒解,返回安居其所可获吉祥",这样就能合宜适中;"出现危难要有所前往,及早前去可获吉祥",说明前往解难必能建功。天地舒解于是雷雨兴起,雷雨兴起于是百果草木的种子都舒展萌芽,绽开外皮:"舒解"之时的功效是多么宏大啊!

《象》曰:雷雨作,解①;君子以赦过宥罪②。

【注释】① 雷雨作,解:释《解》卦上震为雷,下坎为雨之象。此即《象传》"天地解而雷雨作"之义,言万物当春,因雷雨而纷纷舒发生机,为"舒解"之象。 ② 赦过宥罪:宥,音 yòu,宽宥。这是说明"君子"效法《解》象,以"赦过宥罪"体现开释、舒缓的"仁政"。

【译文】《象传》说:雷雨兴起(草木萌芽),象征"舒解";君子因此赦免过失而宽宥罪恶。

初六,无咎①。

【注释】① 无咎:指初六当危难初解之时,以柔处下,上应九四,故"无咎"。

【译文】初六,(险难初解)无所咎害。

《象》曰:刚柔之际,义无咎也①。

【注释】① 刚柔之际,义无咎也:刚,指九四;柔,指初六;际,交际,即相应;义,犹"理"。此释初六"无咎"的原因。

【译文】《象传》说:初六与九四刚柔互为交际相应,就舒解险难的道理看必然无所咎害。

九二,田获三狐,得黄矢;贞吉①。

【注释】① 田获三狐,得黄矢;贞吉:狐,喻隐伏之患;黄矢,喻居中刚直。此谓九二当危难初解之后,上应六五之君,犹如担负清除隐患的重任,故以"田获三狐"为喻;又禀阳刚之质而居中,刚柔相济,故有"黄矢"似的美德;以此趋正长守,必能不负舒解险难、清除隐患的使命,故曰"贞吉"。

【译文】九二,田猎时捕获好几只隐伏的狐狸,并获得黄色的箭矢(它象征刚直中和的美德);守持正固可获吉祥。

《象》曰:九二贞吉,得中道也。

【译文】《象传》说:九二守持正固可获吉祥,说明有得于居中不偏之道。

六三,负且乘,致寇至;贞吝①。

【注释】① 负且乘,致寇至;贞吝:此谓六三处"解"之时,阴柔失正,乘凌九二阳刚之上而攀附于九四,犹如"小人"窃据高位,故以负重而乘车,招致强寇来夺为喻,明其居于非份之位,不能长久;但爻辞又发规劝"小人"改邪向善之意,故特诫其趋正自守、以防憾惜。

【译文】六三,背负重物而身乘大车,必招致强寇前来夺取;守持正固以防憾惜。

《象》曰:"负且乘",亦可丑也;自我致戎,又谁咎也?

【译文】《象传》说:六三"背负重物而身乘大车",是说其行为也太可丑恶了;由于自身无德窃位而招致兵戎之难,又该归咎于谁呢?

九四,解而拇,朋至斯孚①。

【注释】① 解而拇,朋至斯孚:而,《正义》"汝也",指九四;拇,《释文》引陆绩曰"足大趾也";朋,指初六;斯,介词,《经传释词》"犹'乃'"。这两句说明九四阳居阴位,下比六三,为之所附,犹如足趾生患,妨碍其与初六相应;故须"解"其"拇",然后可致初六"朋"来,阴阳相"孚"之德乃见。

【译文】九四,像舒解你大脚踇趾的隐患一样摆脱小人的纠附,然后友朋就能前来以诚信之心相应。

《象》曰:"解而拇",未当位也。

【译文】《象传》说:"像舒解你大脚踇趾的隐患一样摆脱小人的纠附",说明九四居位尚未妥当。

六五,君子维有解,吉①,有孚于小人②。

【注释】① 君子维有解,吉:维,语气助词。此言六五柔中居尊,下应九二,为能舒解危难的"君子"形象,故获吉祥。 ② 有孚于小人:此句申发前文之义,说明六五不但能解难,又能以孚信之德感化"小人",使之诚服无怨。

【译文】六五,君子能够舒解险难,吉祥,甚至能用诚信之德感化小人。

《象》曰:君子有解,小人退也。

【译文】《象传》说:君子能够舒解险难,小人必将畏服退缩。

上六,公用射隼于高墉之上,获之,无不利①。

【注释】① 公用射隼于高墉之上,获之,无不利:隼,音 sǔn,恶鸟,此处喻六三;墉,《释文》引马融曰:"城也。"这三句说明上六处《解》之终,居震动之极,为舒解危难的"王公"之象;而六三"小人窃位",犹如恶隼盘踞"高墉之上",上六能"射"而"获之",排除患害,故"无不利"。

【译文】上六,王公发箭射击据于高城之上的恶隼,一举射获,无所不利。

《象》曰:"公用射隼",以解悖也①。

【注释】① 悖:犹言"悖逆者",指六三。

【译文】《象传》说:"王公发箭射击据于高城之上的恶隼",说明上六是在舒解悖逆者造成的险难。

【总论】《解》卦说明"舒解"险难的道理。卦辞先言解难利在施于"西南"众庶之地,强调其目的是使群情共获舒缓。然后分两层揭示解难的基本原则:无难,以"来复"安居为吉;有难,以早去速解为吉。朱熹指出:"若无所往,则宜来复其所而安静;若尚有所往,宜早往早复,不可久烦扰也。"(《本义》)可见,《解》卦的宗旨是要通过排患解难,追求一种安宁平和的环境。六爻的喻义,侧重于展示"解难"过程的具体情状,反复申言清除"小人"、排解"内患"的重要意义。陈梦雷认为:"六爻之义,主于去小人。六三一阴为小人非据、以致天下之兵者,诸爻皆欲去之:二之获狐,获三也;四之解拇,解三也;上之射隼,射三也;五之有孚,亦退三也。唯初六才柔位卑,不任解难而在解时,无咎而已。"(《周易浅述》)显然,全卦之"难"集于六三,以致群起而"解"之。视三以阴居内卦坎险之上,实喻"内部隐患"。那么,本卦所示"舒解"之时的主要矛盾,亦即危害安宁环境的重要因素,无疑是在"内"、在"隐"了。

损卦第四十一

☶ 损①：有孚，元吉，无咎，可贞，利有攸往②。曷之用？二簋可用享③。

【注释】① 损：卦名，下兑(☱)上艮(☶)，象征"减损"。案，"损"谓"减损"，其义主于"损下益上"。　② 有孚，元吉，无咎，可贞，利有攸往：这几句极力说明"减损"之道的吉祥、无害、可正、可行，其中强调以"孚信"为前提。　③ 曷之用？二簋可用享：曷，疑问代词，犹"何"。"曷之用"即"何所为用"的意思。二簋，喻微薄之物，与《坎》六四"簋贰"之义同；享，奉献，泛指贡物给尊者或献祭于神灵之事。这两句以设问的形式，说明"损"之道惟在心诚，不必损其过甚而务以丰物益上；故拟"二簋用享"为喻，言当损之时，只要心存孚信，虽微薄之物亦足以奉献于上。

【译文】《损》卦象征减损：心存诚信，至为吉祥，必无咎害，可以守持正固，利于有所前往。减损之道用什么来体现？两簋淡食就足以奉献给尊者、神灵。

《彖》曰："损"，损下益上，其道上行①。损而有孚②，元吉、无咎、可贞、利有攸往。曷之用？二簋可用享③。二簋应有时，损刚益柔有时④：损益盈虚，与时偕行⑤。

【注释】① 损下益上，其道上行：上行，犹言"向上奉献"，即下者自行减损以奉于上。这两句以上下卦象释卦名"损"之义,谓上艮为阳能止于上,下兑为阴能悦而顺之,故有"损下益上"之象。 ② 损而有孚:而,连词,兼含"能"之义。此句在卦辞"损,有孚"之间加一"而"字,以释其下"元亨、无咎、可贞、利有攸往",谓此"四善"均因"有孚"而得。 ③ 曷之用? 二簋可用享:这两句径用卦辞自为解释,即以后句"自答"释前句"设问"。 ④ 二簋应有时,损刚益柔有时:这两句进一步阐发前文"二簋可用享"之义,说明行"损"必须适时;即不论以"二簋"奉上,还是损下之刚以益上之柔。均当顺应其"时",不可滥为。 ⑤ 损益盈虚,与时偕行:这是归结前两句意旨,总说事物的"损益"之道重在适"时"。

【译文】《彖传》说:"减损",意思是减损于下,增益于上,其道理是下者有所奉献于尊上。减损之时能够心存诚信,于是就至为吉祥,必无咎害,可以守持正固,利于有所前往。减损之道用什么来体现? 两簋淡食就足以奉献给尊者、神灵。奉献两簋淡食必须应合其时,减损下之阳刚以增益上之阴柔也要适时:事物的减损增益、盈满亏虚,都是配合其时而自然进行的。

《象》曰:山下有泽,损①;君子以惩忿窒欲②。

【注释】① 山下有泽,损:释《损》卦上艮为山、下兑为泽之象。 ② 惩忿窒欲:惩,止也;窒,音 zhì,堵塞。这是说明"君子"观《损》象而知止忿堵欲,自损不善。

【译文】《象传》说:山下有深泽(犹如泽自损以增山高),象征"减损";君子因此抑止忿怒、堵塞邪欲以自损不善。

初九,已事遄往,无咎①;酌损之②。

【注释】① 已事遄往,无咎:已,竟也,犹言"告成";事,句中当指"修养"之事;遄,音 chuán,迅速。此谓初九当"损"之始,阳刚处下,上应六四,故于"自修"之事初成,宜速往应四,以为辅助;即明"益上"之义。 ②酌损之:初应六四,犹损刚益柔,此时不可盲目过损其刚,故以"酌损"为宜。

【译文】初九,完成了自我修养之事就迅速前往辅助尊者,必无咎害;应当斟酌减损自己的刚质。

《象》曰:"已事遄往",尚合志也①。

【注释】① 尚合志:尚,通"上"。谓初与上卦之四合志。

【译文】《象传》说:"完成了自我修养之事就迅速前往辅助尊者",说明初九与尊上心志合一。

九二,利贞,征凶;弗损益之①。

【注释】① 利贞,征凶;弗损益之:弗损,指九二不自损;益之,指有益于六五。此言"减损"之道是损有余以益不足,九二阳居阴位,刚柔适中,非"有余"者;六五阴居阳位,亦刚柔适中,非"不足"者:两者虽为正应,但九二不可"遄往",惟不自损而长守其正,即可"益上",故曰"利贞,征凶"。

【译文】九二,利于守持正固,急于求进将有凶险;不用自我减损就可以施益于上。

《象》曰:九二利贞,中以为志也。

【译文】《象传》说:九二利于守持正固,说明应当以坚守中道作为自己的志向。

六三,三人行,则损一人;一人行,则得其友①。

【注释】① 三人行,则损一人;一人行,则得其友:三人,泛称多人,文中特指阴性;一人,前指上九,后指六三。这四句说明六三居下兑之极,应于上九,悦而求之,但若群阴并行以求,必损上九一阳;若己一人独往,则阴阳专情和合,故得其友朋。

【译文】六三,三人同行欲求一阳,必将损彼阳刚一人;一人独行专心求合,就能得其强健友朋。

《象》曰:一人行,三则疑也。

【译文】《象传》说:一人独行可以专心求合,三人同行将使对方疑惑无主。

六四,损其疾,使遄有喜,无咎①。

【注释】① 损其疾,使遄有喜,无咎:疾,指六四思恋初九所致"相思之疾"。此谓六四柔正得位,处艮之始,与初相应,能自损其疾,速纳阳刚,故"有喜"而"无咎"。

【译文】六四,自我减损思恋的疾患,能够迅速接纳阳刚必有喜庆,不致咎害。

《象》曰:"损其疾",亦可喜也。

【译文】《象传》说:"自我减损思恋的疾患",说明六四接纳阳刚至为可喜。

六五,或益之十朋之龟,弗克违,元吉①。

【注释】① 或益之十朋之龟,弗克违,元吉:十朋,古代货币单位谓双贝为"朋","十朋"即"二十贝",犹言价值昂贵。这三句说明六五柔中居尊,为"虚中"自损而不自益之象,故天下纷纷"益之",乃至受益"十朋之龟",未能辞谢,即言尊居"君位",遂获"元吉"。

【译文】六五,有人进献价值"十朋"的大宝龟,无法辞谢,至为吉祥。

《象》曰:六五元吉,自上祐也①。

【注释】① 上:《正义》:"谓天也。"

【译文】《象传》说:六五至为吉祥,这是从上天施予祐助。

上九,弗损益之①;无咎,贞吉,利有攸往,得臣无家②。

【注释】① 弗损益之:此言上九以阳刚居《损》之终,"损下益上"必将转化为"损上益下";但上九受下之益已极,毋须"自损"便有以施惠其下,故有"弗损益之"之象。 ② 无咎,贞吉,利有攸往,得臣无家:无家,《正义》:"光宅天下,无适一家也。""无适一家"犹今言"不限一家"。这四句紧承前文,说明上九能"弗损"而"益"下,即可"无咎";但宜守"正"然后得"吉",以此有往必将大得"臣民",不限一家"。此极言"益下"之德宏大,从而也获"得臣无家"之吉。

【译文】上九,不用自我减损即可施益于人;必无咎害,守持正固可获吉祥,利于有所前往,必将得到广大臣民的拥戴而不限于一家。

《象》曰:"弗损益之",大得志也。

【译文】《象传》说:"不用自我减损即可施益于人",说明上九大得施惠天下的心志。

【总论】《损》卦的意义,重在"损下益上"。卦辞指出,"减损"之道应当以"诚信"为本,就能"元吉、无咎、可贞、利有攸往";并认为,只要心存孚信,虽微薄之物如"二簋淡食"者,亦足以奉献"益上"。《象传》进一步阐明此义,极言:"损益盈虚,与时偕行"。这是把"诚信"与"合时"联系起来分析,表明"损下"不可滥损,"益上"不可滥益。这一义理,可以用"垒土筑墙"为喻:损取墙下土石增益墙上之高,若取之不正、用非其时,则墙必危坠(略本《程传》)。卦中六爻,分上下体抒发"损益"之义:下三爻在下自损,与上三爻居上受益两两相对。其中初九"酌损"己刚"遄往"应四,与六四"有喜"为对;九二不自滥损、"守正"益上,与六五受益"十朋之龟"为对;六三当以"专一"之诚益上,与上九"得臣无家"为对。可见,《易》爻阴阳对应的情状,在本卦中体现为上下适时损益的关系。再从爻辞与爻象考察诸爻大旨,下卦有"酌损"、"弗损"及"三人行则损一人"之诫,可知其义主于"损所当损";上卦四、五两爻以阴居上,有虚己谦下而受益之象,并见"损中有益";至于上九居卦之极,因所受之益广益于下,表露了"损"、"益"互为转化的哲理,说明"自损"者损极必获益,"受益"者益极当益人。约言之,本卦以颇具辩证色彩的观点,喻示了这样一种道理:事物的发展,或有损下益上、损小益大、损有余益不足的过程,但损益之间必须孚诚守正,损益之际必须适合其时。当然,《损》卦的象征意义是十分广泛的。《大象传》谓"抑止忿怒、堵塞邪欲",即是从"修身"的角度推阐"自损不善"的旨趣。马振彪认为:"'损'之为道,重在损下益上。推此义言之,在为学则自损其私欲以益公理,在处世则自损其身家以益天下,是皆损道得其正而合于时中者。"(《周易学说》)此论可与《大象传》的寓意相互发明。

益卦第四十二

☷☴ 益①：利有攸往，利涉大川②。

【注释】① 益：卦名，下震（☳）上巽（☴），象征"增益"。 ② 利有攸往，利涉大川：这两句说明既行"损上益下"之道，则有往必利，无险不可涉。

【译文】《益》卦象征增益：利于有所前往，利于涉越大河巨流。

《彖》曰："益"，损上益下，民说无疆；自上下下，其道大光①。"利有攸往"，中正有庆②；"利涉大川"，木道乃行③。益动而巽，日进无疆；天施地生，其益无方④。凡益之道，与时偕行⑤。

【注释】① 损上益下，民说无疆；自上下下，其道大光：下下，前"下"为动词，后"下"为方位名词。这四句以上下卦象释卦名"益"，谓巽阴居上，震阳居下，巽顺不违震，故有"损上益下"之象；能"损上益下"、"自上下下"，自然民众欣悦、道义生光。 ② 中正有庆：中正指九五。此句以九五刚中居正而能益下之象，释卦辞"利有攸往"。 ③ 木道乃行：木，指上巽为木。此句取上卦之象，譬喻以"益"涉难，征途畅通，释卦辞"利涉大川"。 ④ 益动而巽，日进无疆；天施地生，其益无方：动，指下震；巽，逊顺,指上巽;天施,指"天"所施惠;地生,指"地"所化生;方,所也,"无方"犹言遍及万方。这四句又取上下象及天地生物为例,广明"益"道之大。⑤ 凡益之道,与时偕行:这两句归结前文,说明"增益"之道须适时,不可滥增泛益。

【译文】《彖传》说:"增益",意思是减损于上、增益于下,这样民众就欣悦不可限量;从上方施利予下,这种道义必能大放光芒。"施行增益利于有所前往",说明尊者刚中纯正必将大呈庆祥;"利于涉越大河巨流",正如木舟渡水征途通畅。增益之时下者兴动而上者逊顺,其益就能日日增进广大无疆;譬如上天施降利惠、大地受益化生,自然界的施化之益于是遍及万方。事物当增益之时所体现的道理,都说明要配合其时施行得当。

《象》曰:风雷,益①;君子以见善则迁,有过则改②。

【注释】① 风雷,益:释《益》卦上巽为风、下震为雷之象。 ② 见善则迁,有过则改:迁,就也,犹言"向往"。这是说明"君子"观《益》象,能迁善改过,以此交相增益己德。

【译文】《象传》说:风雷交助,象征"增益";君子因此看见善行就倾心向往,有了过错就迅速改正。

初九,利用为大作,元吉,无咎①。

【注释】① 利用为大作,元吉,无咎:大作,《正义》:"兴作大事。"此谓初九以阳刚居"益"之始,上应六四,为处下获益之象,宜于大有作为,故获"元吉";唯其"元吉",故虽居卑位而任大事也无所咎害。

【译文】初九,利于大有作为,至为吉祥,必无咎害。

《象》曰:"元吉无咎",下不厚事也①。

【注释】① 不厚事：厚事，《正义》："犹'大事'"。此言初九位卑，本难胜任大事；但以阳刚之德受益于上，故可"大作"，即释"元吉，无咎"之义。

【译文】《象传》说："至为吉祥而无所咎害"，说明初九处位低下本来不能胜任大事（但此时获益则可以大有作为）。

六二，或益之十朋之龟，弗克违，永贞吉①；王用享于帝，吉②。

【注释】① 或益之十朋之龟，弗克违，永贞吉：十朋之龟，词义与《损》六五同，此处喻六二荣居"臣位"。这三句说明六二当"益下"之时，以柔中之德获应于九五之"君"，受命荣居要职，犹如被赐"十朋之龟"，无法辞谢，故当永守正固而后有"吉"。 ② 王用享于帝，吉：帝，犹言"天帝"。

【译文】六二，有人赐下价值"十朋"的大宝龟，无法辞谢，永久守持正固可获吉祥；此时君王正在献祭天帝祈求降福，吉祥。

《象》曰："或益之"，自外来也①。

【注释】① 自外来：指六二所受之益从外自，非己招取，此与《损》六五《象传》谓"自上祐也"之义略为接近。

【译文】《象传》说："有人赐下（价值十朋的大宝龟）"，说明六二所受增益是从外部不招自来。

六三，益之用凶事，无咎①；有孚中行，告公用圭②。

【注释】① 益之用凶事，无咎：之，助词；凶事，指救凶平险之事。此谓六三当"益下"之时，以阴居下卦之上，为受益至甚、"位势"弥壮之象；此时必须因所受之益广益于人，努力投身于拯救衰危的"凶事"之中，则为善处其时，遂获"无咎"。 ② 有孚中行，告公用圭：告，犹言"晋见"、"致意"；圭，音guī，玉器名，古代天子诸侯祭祀、朝聘时，卿大夫等执此以表示

"信",《礼记·郊特牲》："大夫执圭而使,所以申信也。"这两句紧承前文,再申诫意:说明六三不当位而受益至多,不可因"益"忘忧,纵欲妄为,而应当守"信"持"中",时时像执圭"告公"一样诚敬不苟;以此处事,才能长保"无咎"。

【译文】六三,受益至多应该努力施用于救凶平险的事务,必无咎害;必须心存诚信、持中慎行,时时像手执玉圭致意于王公一样虔心恭敬。

《象》曰:益用凶事,固有之也。

【译文】《象传》说:受益至多应该努力施用于救凶平险的事务,这样才能牢固保有所获之益。

六四,中行告公从,利用为依迁国①。

【注释】① 中行告公从,利用为依迁国:迁国,上古常有迁徙其国都、避害就利之举,如《尚书·盘庚》载"迁殷"事即是。这两句说明六四当"损上益下"之时,禀柔正之德居上卦之始,近承九五阳刚,有依附"君主"施益"下民"之象,故谓其当以"中行"之德"告公"益下,"公"必听从;又言"利"于依附君主,播迁其国,以惠庶民。爻义主于阴柔者得位,承上以益下。

【译文】六四,持中慎行致意于王公必能言听计从,利于依附君上迁都益民。

《象》曰:"告公从",以益志也。

【译文】《象传》说:"致意于王公必能言听计从",说明六四以增益天下的心志去劝谏王公。

九五,有孚惠心,勿问元吉①：有孚惠我德②。

【注释】① 有孚惠心,勿问元吉：惠心,指施惠"天下"之心；勿问,犹言"毫无疑问"。这两句说明九五以阳刚中正之德尊居"君位",下应六二,犹如怀有诚信惠下之心,以损己益物为念,故不待问必有"元吉"。 ② 有孚惠我德：我,指九五,"惠我德"犹言"天下感惠我的恩德"。此句申发前文"元吉"之旨,谓九五之"吉"不但在于"天下"广受利益,还体现于"天下"也以诚信感惠于上：于是上下交信,心志相通,故其吉至大。

【译文】九五,怀抱真诚信实地施惠天下的心愿,毫无疑问是至为吉祥的：天下人也必将真诚信实地感惠报答我的恩德。

《象》曰："有孚惠心",勿问之矣；惠我德,大得志也。

【译文】《象传》说："怀抱真诚信实地施惠天下的心愿",说明至为吉祥是不用问的；"天下人也必将感惠报答我的恩德",说明九五大得"损上益下"的心志。

上九,莫益之,或击之①；立心勿恒,凶②。

【注释】① 莫益之,或击之：此言上九居《益》卦之极,阳刚亢盛,贪求不已；变"损上益下"为"损下益上",故天下莫之或益,并群起而攻之。② 立心勿恒,凶：立心,即"居心"；恒,犹"安"。这两句指明前文"莫益"、"或击"的原因,言上九居心不能常安其位,惟贪得无厌求益不已,故有"凶"。

【译文】上九,没有人增益他,有人攻击他；居心不常安(而贪求无厌),有凶险。

《象》曰："莫益之",偏辞也①；"或击之",自外来也②。

【注释】① 偏辞：片面"求益"之辞。指上九反"自损"之道而行,私心求益,故无人响应;即释"莫益之"之义。　②自外来:《正义》:"怨者非一,不待召也,故曰'自外来'也。"

【译文】《象传》说:"没有人增益他",说明上九片面发出"求益"的言辞;"有人攻击他",这是从外部不招自来的凶险。

【总论】《益》卦的意义,主于"减损于上,增益于下"。用"垒土筑墙"作比喻:犹如损取墙上多余的土石,增益墙下基础,则墙基坚实、墙体安固(略本《程传》)。范仲淹谓"损上则益下,益下则固其本"(《范文正公集·易义》)是也。因此,卦辞谓"益"之时"利有攸往,利涉大川",即盛称"益"道美善可行。就六爻大义分析:下卦三爻主"受益",上卦三爻主"自损"。其中初九阳刚处卑位而获益,利在"大有作为",遂致"元吉,无咎";六二柔中得正被赐"十朋之龟",当长守中正美德,以"永贞"为吉;六三不当位而受益至甚,须不辞辛劳,努力施用于"救凶平险"之事则"无咎"。这三爻以居下获益,均当有所施为,不可安逸无事。至于六四柔正而居上卦之始,利于依附尊者行"益下"之道;九五刚中而居尊位,能够真诚施惠"天下"遂获"元吉"。这两爻体现损己益人的意旨,并表明凡施惠于人者,终将也获人之益。惟上九一爻极处高位而不能自损,反有损人利己、求益无厌的居心,故被"击"致"凶"。若将《损》、《益》两卦相比较,还可以看出,两者的立义是相通互补的:损下足以益上,上者受益又当施惠于下;损上足以益下,下者受惠亦可转益于上。显然,"损"、"益"的转化之理,一方面流露了《周易》作者对阶级社会中上层与下层之间作用与反作用的深刻认识;另一方面,在广义的象征哲理中,则着重揭示作者所理解的事物发展过程时常体现的利弊、祸福的交互变化规律。旧籍记载,孔子读《易》至《损》、《益》两卦时,曾经发出"自损者益,自益者缺"的慨叹(《说苑·敬慎篇》),乃至抒发其论曰:"《益》、《损》者,其王者之事与! 或欲以利之,适足以害之;或欲害之,乃反以利之。利害之反,祸福之门户,不可不察也。"(《淮南子·人间训》)

夬卦第四十三

☰ 夬①：扬于王庭②，孚号有厉③；告自邑，不利即戎④；利有攸往⑤。

【注释】 ① 夬：卦名，下乾（☰）上兑（☱），象征"决断"。 ② 扬于王庭：扬，犹言宣布；王庭，《正义》："百官所在之处"，指君王的法庭。此谓"君子"制裁"小人"应当光明正大地宣扬于"王庭"，以喻"刚决柔"之际"公正无私"的情状。 ③ 孚号有厉：号，号令。此承前句义，说明"君子"决"小人"之时，又须号令众人戒备危险。 ④ 告自邑，不利即戎：告自邑，犹言"颁告政令于邑"；即戎，谓兴兵出师。这两句进一步说明"刚决柔"是以"德"制裁，并非以武力取胜。 ⑤ 利有攸往：此句总结上文，指出处"夬"之时，利于"刚"不利于"柔"，故阳刚者若能循上述之道而行，必然利有所往。

【译文】《夬》卦象征决断：可以在君王法庭上公布小人的罪恶予以制裁，并心怀诚信地号令众人戒备危险；此时应当颁告政令于城邑上下，不利于兴兵出师用武力强行制裁；这样就利于有所前往。

《彖》曰："夬"，决也，刚决柔也①；健而说，决而和②。"扬于王庭"，柔乘五刚也③；"孚号有厉"，其危乃光也④；

"告自邑,不利即戎",所尚乃穷也⑤；"利有攸往",刚长乃终也⑥。

【注释】① 刚决柔：刚,指卦中五阳爻；柔,指上六一阴爻。此以六爻之象,说明"夬"之谓"决",意指阳刚决阴柔,即"君子"决"小人"。　② 健而说,决而和：健,指下乾；说,即"悦",指上兑。这两句举上下象为说,谓"夬"之时,以刚健能决而令人悦服,并导致众物协和。此与前文"夬,决也,刚决柔也"并释卦名"夬"之义。　③ 柔乘五刚也：柔,指上六；五刚,即卦中五阳。此句释卦辞"扬于王庭",谓六爻有一阴乘凌五阳之象,犹如"小人"作恶,故须果决制裁于"王庭"。　④ 其危乃光也：此释卦辞"孚号有厉",谓此时当使人们长存危惧戒备之心,则君子处"夬"之道必能光大。⑤ 所尚乃穷也：此句释卦辞"告自邑,不利即戎",谓若"即戎",则是以"尚武"处"夬",不是以德取胜,其道必穷。　⑥ 刚长乃终也：此释卦辞"利有攸往",指"夬"道成于刚德盛长,必以阳刚制胜阴柔告终。

【译文】《彖传》说："夬",意思是决断,犹如阳刚君子果决制裁阴柔小人；于是能用刚健令人心悦诚服,通过果决气势导致众物协和。"可以在君王法庭上公布小人的罪恶予以制裁",说明本卦一柔爻肆意乘凌于五刚爻之上；"心怀诚信地号令众人戒备危险",说明让人们时时危惧戒备就能光大处"夬"之道；"此时应当颁告政令于城邑上下,不利于兴兵出师用武力强行制裁",说明若滥用武力将使处"夬"之道困穷；"利于有所前往",说明阳刚盛长最终必能制胜阴柔。

《象》曰：泽上于天,夬①；君子以施禄及下,居德则忌②。

【注释】① 泽上于天,夬：释《夬》卦上兑为泽,下乾为天之象。② 施禄及下,居德则忌：禄,谓恩泽；居,积也,"居德"与"施禄"前后对文；

忌,憎恶也。这是说明"君子"观《夬》"泽上于天"之象,悟知应当果决施降恩泽于下,不可积居不施,以至民怨。

【译文】《象传》说:泽水化气升腾于天(决然降雨),象征"决断";君子因此要果决施降恩泽于下民,若是居积德惠不施必被憎恶。

初九,壮于前趾,往不胜为咎①。

【注释】① 壮于前趾,往不胜为咎:此谓初九当"夬"之时,阳刚处下。犹如"壮于前趾",为果决有余、审慎不足之象;以此躁进而往,又无上应,故必难取胜而终致咎患。

【译文】初九,强盛在足趾前端,冒进前往必不能取胜反而导致咎害。

《象》曰:不胜而往,咎也。

【译文】《象传》说:不能取胜而急于前往,是招致咎害之道。

九二,惕号,莫夜有戎,勿恤①。

【注释】① 惕号,莫夜有戎,勿恤:号,呼号,发出警备之语;莫,音 mù,即"暮"字。此言九二以刚中之德处"夬",既果决刚断又小心谨慎,故能时刻"惕号",虽深夜"有戎"也有备无患,遂称"勿恤"。

【译文】九二,时刻戒惕呼号,尽管深夜出现战事也能对付,不必忧虑。

《象》曰:"有戎勿恤",得中道也。

【译文】《象传》说:"出现战事也不必忧虑",说明九二有得于居中慎行之道。

九三,壮于頄,有凶①;君子夬夬独行,遇雨若濡,有愠,无咎②。

【注释】① 壮于頄,有凶:頄,音 qiú,颧骨,《释文》:"颧也",又引翟玄曰:"面颧,颊间骨也。"这两句说明九三处《夬》下卦之极,以刚居刚,与上六为应,果决过度而急于除之,故以"壮于頄"喻其"决小人"怒形于色;如此处"夬",必失美善之道,遂深戒以"有凶"。 ② 君子夬夬独行,遇雨若濡,有愠,无咎:夬夬,决而又决,犹言"刚毅果断";独行,指三独往应上;遇雨,喻三、上阴阳相遇;若,语气词;濡,沾湿。这几句与前文相对,从正面说明"君子"处九三之时,并非怒形于色,而是刚毅果决地"独行"往应上六,犹如暂与"小人"周旋、待时决除;这样尽管有"遇雨若濡"之嫌,乃至被人愠怒,但最终必能制裁"小人"故"无咎"。

【译文】九三,强盛在脸部颧骨上,怒形于色必有凶险;君子应当刚毅果断独自前行(与小人周旋、待时决除),尽管遇到阴阳和合的雨并被沾湿身体,甚至受人嫌疑被人愠怒,但终究能制裁小人而不遭咎害。

《象》曰:"君子夬夬",终无咎也。

【译文】《象传》说:"君子刚毅果断",是说终究能裁制小人而无所咎害。

九四,臀无肤,其行次且①;牵羊悔亡,闻言不信②。

【注释】① 臀无肤,其行次且:次且,音 zī jū,古为双声连绵词,亦作"趑趄",行止困难之状。此谓九四以阳居阴,刚决不足,故当"夬"之时,犹如臀部"无肤";又下凌三阳,以此而进,必多艰难,故曰"其行次且"。

② 牵羊悔亡,闻言不信:牵,牵系附连;羊,强健刚劲之物,喻九五。这两句申发前文之义,说明九四虽刚决不足,但若上承九五之阳,犹如与强健的"羊"紧相系连,则可补其不足而"悔亡";然而四以失正之刚,或至"闻言不信"、一意孤行,必致凶咎。

【译文】九四,臀部失去皮肤,行动趑趄难进;要是紧紧地牵系着羊(一样强健的阳刚尊者,)悔恨必将消亡,无奈听了此言不能信从。

《象》曰:"其行次且",位不当也;"闻言不信",聪不明也①。

【注释】① 聪不明:聪,犹言"听";明,犹言"审明其理"。

【译文】《象传》说:"行动趑趄难进",说明九四居位不妥当;"听了此言不能信从",说明九四尽管听到却不能审明事理。

九五,苋陆夬夬,中行无咎①。

【注释】① 苋陆夬夬,中行无咎:苋,音 xiàn,苋陆,草名,爻辞中借喻阴物,指上六。此言九五处"夬"之时,阳刚中正以居尊位,比近上六一阴,能像斩除"苋陆"一样轻易决除之;但五贵居"君位",却须亲自制裁最为贴近的"小人",足见其德未能光大,故当慎行中道,庶可"无咎"。

【译文】九五,像斩除柔脆的苋陆草一样刚毅果断地清除小人,居中行正则必无咎害。

《象》曰:"中行无咎",中未光也。

【译文】《象传》说:"居中行正必无咎害",说明九五的中正之道尚未光大。

上六,无号,终有凶①。

【注释】① 无号,终有凶:号,号咷,放声痛哭。此谓上六以阴极居《夬》卦之终,为"小人"凌高作恶之象,被下五阳所共同决除,故无须号咷,终必有凶。

【译文】上六,不必痛哭号咷,凶险终究难逃。

《象》曰:"无号之凶",终不可长也。

【译文】《象传》说:"不必痛哭号咷,凶险难逃",说明上六高居在上的情势终究不能久长。

【总论】《红楼梦》第八十二回叙林黛玉语:"但凡家庭之事,不是东风压了西风,就是西风压了东风。"这虽是一句家常谚语,却包含着事物对立面的矛盾斗争在关键时刻或存或亡、不可调和的哲理。《夬》卦立义于"果决",正是从阴阳矛盾激化的角度,强调阳刚必须以"决断"性的气魄制裁阴柔,换言之,即"君子"应当清除"小人","正气"应当压倒"邪气"。卦辞的基本意义,是喻示君子"决"小人的三方面要领:一是公正无私,宜于在"王庭"上公开宣判"小人"的罪恶;二是谕人戒惕,即以孚诚之心号令众人戒备"小人"造成的危害;三是以德取胜,说明此时不利于滥用武力,而要通过颁告政令来宣扬美德、使人诚服。准此三端,则处"夬"必能"利有攸往"。就六爻之象分析,本卦一阴高居五阳之上,恰如"小人"得势、凌驾于"君子",必被决除。显然,卦中阴阳爻的"力量"对比是悬殊的:以五阳之刚健盛长,制裁一阴之孤立困穷,足见阳胜阴败、正存邪亡是必然的结局。《彖传》指出:"刚长乃终",即明此理。然而,阳刚虽处优势,却不可掉以轻心,故爻辞时时发出处"夬"艰难的诚意:初诚"不胜"而往必有"咎",二诚时刻"惕号",三诚刚壮过甚有"凶",四诚刚决不足则"次且"难进,五诚居中慎行才能"无咎"。可见,尽管以"五阳"的强盛要彻底清除"一阴",也非轻而易举;那么,当"阴"盛之时若欲对之制裁,其艰难程度更是可想而知了。此中作《易》者所流露的"君子"戒防"小人"的用心,实甚深切。《折中》引徐幾曰:"以盛进之五刚,决衰退之一柔,其势若甚易。然而圣人不敢以'易'而忽之。故于《夬》之一卦,丁宁深切,所以周防戒备者无所不至。"

姤卦第四十四

☰ 姤①：女壮,勿用取女②。

【注释】① 姤：音 gòu,卦名,下巽（☴）上乾（☰）,象征"相遇"。② 女壮,勿用取女：用,犹"宜"；取,通"娶"。此言卦中六爻有"一女遇五男"之象,故称"女壮"过甚,并戒人不宜娶此女子。辞义譬喻"相遇"之道当正,不可违"礼"致乱。

【译文】《姤》卦象征相遇：要是女子过分强盛(遇男过多),则不宜娶作妻室。

《彖》曰：姤,遇也,柔遇刚也①。"勿用取女",不可与长也②。天地相遇,品物咸章也③；刚遇中正,天下大行也④。姤之时义大矣哉⑤！

【注释】① 柔遇刚：柔,指初六；刚,指二至上五阳。此以六爻之象释卦名"姤",并配合下文以释卦辞"勿用取女"。 ② 不可与长：犹言不可与此"不正之女"长久相处,释卦辞"勿用取女"之义。 ③ 天地相遇,品物咸章也：品物,犹言各类事物；章,通"彰"。这两句从正面发挥"遇"义,说明"一女遇五男"虽不可取,但天地阴阳的正当相遇则是万物昌盛发展的要素,不可或废。 ④ 刚遇中正,天下大行也：这两句承前文之义,说明阳刚若遇"中正"之阴柔,则天下"化育"之道必将"大行"。 ⑤ 姤之时义大矣哉：此句总结全《彖》，说明以"正"相遇，则"姤"道可美。

【译文】《彖传》说："姤"，意思是相遇，譬如阴柔遇到阳刚就能相合。"不宜娶这女子作妻室"，说明不可与行为不正的女子长久相处。天地阴阳相互遇合，各类事物的发展都能显明昭彰；刚者应当遇合居中守正的柔者，天下的人伦教化就大为通畅。"相遇"之时的意义是多么宏大啊！

《象》曰：天下有风，姤①；后以施命诰四方②。

【注释】① 天下有风，姤：释《姤》卦上乾为天、下巽为风之象。② 后以施命诰四方：后，君王；诰，动词，犹言"传告"、"晓谕"。这是说明"君王"效法《姤》卦"天下有风"之象，施令传告四方，以求上下遇合。

【译文】《象传》说：天下吹行着和风（无物不遇），象征"相遇"；君王因此施发命令、传告四方。

初六，系于金柅，贞吉①；有攸往，见凶，羸豕孚蹢躅②。

【注释】① 系于金柅，贞吉：柅，音 nǐ，即刹车器。这两句以"金"喻"刚"，"金柅"指九四；谓初六一阴在下，当"遇"之时，处下卦巽风浮躁之体，有"自纵"无归的情状，故须专一系应于九四，长守正固，可获吉祥。② 有攸往，见凶，羸豕孚蹢躅：羸豕，羸弱之豕，此处犹言"牝猪"，喻初六；孚，通"浮"，谓"轻浮躁动"；蹢躅，音 dí zhú，同"踯躅"，不安静而徘徊之状。这三句紧承前文，又从反面设戒，说明初六若是急于有所前往，像"牝猪"躁动而"蹢躅"不静，心不专一，必有凶险。此亦前文所谓守"贞"应四之义。

【译文】初六，紧紧系结在刚坚灵敏的"刹车器"上，守持正固可获吉祥；要是急于有所前往，必然出现凶险，像羸弱的牝猪一样轻浮躁动不能安静。

《象》曰："系于金柅"，柔道牵也。

【译文】《象传》说："紧紧系结在刚坚灵敏的'刹车器'上"，说明初六必须守持柔顺之道，接受阳刚者的牵制。

九二，包有鱼，无咎；不利宾①。

【注释】① 包有鱼，无咎；不利宾：包，通"庖"，厨房；鱼，阴物，喻初六。此言九二阳刚居中，初六以阴在下而近承，犹如"庖"中"有鱼"，不期而至，于二为"无咎"；但此"鱼"上应九四，实非己物，故不宜擅自动用、以享宾客。

【译文】九二，厨房里发现一条鱼，无所咎害；但不利于擅自用来宴享宾客。

《象》曰："包有鱼"，义不及宾也。

【译文】《象传》说："厨房里发现一条鱼"，从九二与初六不相应的意义看是不能擅自用来宴享宾客的。

九三，臀无肤，其行次且①；厉，无大咎②。

【注释】① 臀无肤，其行次且：辞义与《夬》九四同。此谓九三过刚不中，上无其应、下无所遇，犹如"臀无肤"，欲行而趑趄难进。 ② 厉，无大咎：此又申发前文之义，说明九三虽过刚无应，未获所遇，行止艰难而有危厉；但居位得正，免遭邪伤，故无大咎。

【译文】九三，臀部失去皮肤，行动趑趄难进；有危险，但没有重大咎害。

《象》曰:"其行次且",行未牵也①。

【注释】① 行未牵:此言九三行动"次且",未获所遇;但也因此不牵制外物,不遭邪伤,以见"无大咎"之义。

【译文】《象传》说:"行动趑趄难进",说明九三的行为未曾牵制外物(因此虽无所遇也免遭邪伤)。

九四,包无鱼,起凶①。

【注释】① 包无鱼,起凶:鱼,喻初六;起,作也,此处犹言争执。这两句说明九四阳刚失正,所应之初背己承二,犹如己"鱼"亡失,入于九二之"庖";阴为民,"失鱼"恰似"失民";因"失民"而争,将更为孤立,故有凶险。

【译文】九四,厨房中失去一条鱼,兴起争执必有凶险。

《象》曰:无鱼之凶,远民也。

【译文】《象传》说:失去一条鱼而有凶险,说明九四居上卦犹如远离下民、失去民心。

九五,以杞包瓜①;含章,有陨自天②。

【注释】① 以杞包瓜:杞,高大之木,喻九五;包,裹也,犹言"蔽护";瓜,甜美处下,喻"贤者"。此句说明九五阳刚中正以居尊位;当"遇"之时,有屈己谦下以求遇贤者之德,犹如高大的杞树以绿叶蔽护树下的甜瓜。② 含章,有陨自天:含,含藏;章,章美;陨,降也。这两句又言九五刚中居正,内含章美,以此求遇,必有贤者"自天而降"与之应合。爻义极称九五大得"相遇"之道。

【译文】九五,用杞树枝叶蔽护树下的甜瓜;内心含藏章美,必然有理想的遇合从天而降。

《象》曰：九五含章，中正也；有陨自天，志不舍命也①。

【注释】① 不舍命：舍，违背；命，犹言"天命"。

【译文】《象传》说：九五内心含藏章美，是由于居中守正；必然有理想的遇合从天而降，说明九五的心志不违背天命。

上九，姤其角；吝，无咎①。

【注释】① 姤其角；吝，无咎：角，角落。此言上九居《姤》之终，穷高极上，犹如遇见荒远空荡的"角落"；虽然所遇无人而生"吝"，但恬然不争，未遭阴邪之伤，故亦"无咎"。

【译文】上九，遇见空荡的角落；心有憾惜，但不遭咎害。

《象》曰："姤其角"，上穷吝也。

【译文】《象传》说："遇见空荡的角落"，说明上九居位穷高极上而导致相遇无人的憾惜。

【总论】《姤》卦阐明事物"相遇"之理。但卦辞的"说理"方式却是"反证"：先用"女壮"譬喻卦中初阴与上五阳的关系是"一女遇五男"，进而戒人勿娶此"女"。可见，作者主张"相遇"之道必须合"礼"守"正"，而对不正当的遇合深恶痛绝。司马迁云："谚曰'力田不如逢年，善仕不如遇合'，固无虚言。非独女以色媚，而士宦亦有之。"（《史记·佞幸列传序》）这是用憎嫉的笔调鞭笞以巧言佞色求遇者流，与本卦的象征主旨略可相通。再视六爻大义，初六一阴是全卦设诚的主要因素，就其自身而论，必须专系应于九四，守"贞"则"吉"；若轻浮自纵、邪媚求遇必"凶"。五阳爻的处"遇"情状，则主于严守正道、避防"阴"邪：二刚中不擅有阴物，获"无咎"；三过刚而进止艰难，无所遇亦"无大咎"；四失遇于阴物，不可强争，争执必有凶险;五阳刚中正暂未有遇,宜含藏章美以待贤者;上居穷极,所遇无人,但未遭阴邪之伤故"无咎"。显然,诸阳虽当"阴遇阳"、"柔遇刚"之时,却不可盲目遇合不正之阴。这一点,与卦辞"勿用取女"的喻意正相呼应。若从正面意义分析,此卦实又深寓着《周易》作者对理想、美好的"上下遇合"的寻求;九五爻辞所谓"有陨自天",正是"尊者"修德求贤的典型象征,流露出"君臣际遇"将从天而降的期望。这无疑是本卦义理中所蕴存的一定程度的政治思想。杨万里从这一角度,援史证曰:"舜遇尧为天人之合,'有陨自天'之象,何忧骓兜? 何畏孔壬?"(《诚斋易传》)

萃卦第四十五

䷬　萃①：亨②，王假有庙③；利见大人，亨利贞④；用大牲吉，利有攸往⑤。

【注释】① 萃：卦名，下坤(☷)，上兑(☱)，象征"会聚"。　② 亨：此字似属衍文。　③ 王假有庙：假，犹言"感格"。此句说明当"萃"之时，"君王"用美德感格神灵，会聚祖考的"精神"，以保有"庙祭"，意即保持"社稷"永久长存。　④ 利见大人，亨利贞：此言"天下会聚"之时，利于出现"大人"，则可导致亨通，并利于守正。本卦九五正具"大人"之象。　⑤ 用大牲吉，利有攸往：大牲，指祭祀所用的重大"牺牲"品。这两句说明大"聚"之时，用"大牲"祭祀则"吉"，且利于有所前往。辞义主于要配合此时，大有作为。

【译文】《萃》卦象征会聚：亨通，此时君王用美德感格神灵以保有庙祭；利于出现大人，前景亨通而利于守持正固；用大牲祭祀可获吉祥，利于有所前往。

《彖》曰："萃"，聚也；顺以说，刚中而应，故聚也①。"王假有庙"，致孝享也②；"利见大人亨"，聚以正也③；"用大牲吉，利有攸往"，顺天命也④。观其所聚，而天地万物之情可见矣⑤！

【注释】① 顺以说,刚中而应,故聚也:顺,指下坤;说,即"悦",指上兑;刚中,指九五阳刚居中。此以上下卦象及九五爻象释卦名"萃"之义,谓此时物情和顺欣悦,阳刚者守持中道而应合于下,遂能广聚众人。② 致孝享也:致,犹言"表答";享,奉献,指奉献"至诚"之心。此句释卦辞"王假有庙",说明"君王"当"萃"之时虔心表答对祖考的"孝"、"享"之诚,以此感格神灵,保有庙祭。 ③ 聚以正也:此释卦辞"利见大人,亨利贞"。 ④ 顺天命也:此释卦辞"用大牲吉,利有攸往"。 ⑤ 天地万物之情可见矣:这是归结叹美《萃》卦大义,说明事物会聚之时,必然反映出性情、气质的相互投合。

【译文】《彖传》说:"萃",意思是会聚;譬如物情和顺欣悦之时,阳刚居上者能够守持中道并应合于下,就能广聚众庶。"此时君王用美德感格神灵以保有庙祭",这是表答对祖考的孝意、奉献至诚之心;"利于出现大人,前景亨通",说明大人主持会聚必能遵循正道;"用大牲祭祀可获吉祥,利于有所前往",说明会聚之时必须顺从"天"的规律。观察"会聚"现象,天地万物的性情就可以明白了!

《象》曰:泽上于地,萃①;君子以除戎器,戒不虞②。

【注释】① 泽上于地,萃:释《萃》卦上兑为泽、下坤为地之象。② 除戎器,戒不虞:除,修治;戎,《说文》:"兵也",指兵器;不虞,不测。这是说明"君子"观《萃》之象,悟知事物久"聚"必生变乱,人情久"聚"或萌异心,故修治兵器,以防不测。

【译文】《象传》说:泽居地上(水潦归汇),象征"会聚";君子因此修治兵器,戒备群聚所生的不测变乱。

初六,有孚不终,乃乱乃萃①;若号,一握为笑:勿恤,往无咎②。

【注释】① 有孚不终,乃乱乃萃:乃,语气词。此谓初六以阴处"萃"之始,上应九四,但前有二阴相阻,三又承四,因此对九四疑虑重重,诚信之心不能保持至终,遂至行为紊乱而妄聚。 ② 若号,一握为笑:勿恤,往无咎:号,呼号;一握为笑,一握之间成欢笑。这几句从正面告诫初六,谓其若能呼号九四,四必来应,两者将握手言欢,故勉以"勿恤,往无咎"。

【译文】初六,心中诚信不能保持至终,必致行动紊乱并与人妄聚;如果专情向上呼号,就能与阳刚友朋一握手间重见欢笑:不须忧虑,往前必无咎害。

《象》曰:"乃乱乃萃",其志乱也。

【译文】《象传》说:"行动紊乱并与人妄聚",说明初六的心志有所迷乱。

六二,引吉,无咎①;孚乃利用禴②。

【注释】① 引吉,无咎:引,牵引。此言六二柔中居正,上应九五,必得其牵引相聚,故获"吉"而"无咎"。 ② 孚乃利用禴:禴,音 yuè,古代四时祭祀之一,殷称"春祭"为"禴",属较微薄之祭。此句取"祭祀"喻,说明六二当"萃"之时,只要心存诚信,即使微薄的"禴祭"亦可献于神灵,获其赐福。

【译文】六二,受人牵引相聚可获吉祥,不致咎害;只要心存诚信即使微薄的"禴祭"也利于献享神灵。

《象》曰:"引吉无咎",中未变也。

【译文】《象传》说:"受人牵引相聚可获吉祥,不致咎害",说明六二居中守正的心志未曾改变。

六三,萃如嗟如,无攸利①;往无咎,小吝②。

【注释】① 萃如嗟如,无攸利:萃如,形容求"聚"不得之状。此言六三处下卦之终,失位无应,求聚心切却不得其类,故徒自"嗟叹"而"无攸利"。② 往无咎,小吝:此谓六三虽无上应,却与四比,往而相聚则获"无咎";但三、四均失位,两者非属阴阳正应,故又有"小吝"。

【译文】六三,相聚无人以至嗟叹声声,无所利益;往前将无咎害,但小有憾惜。

《象》曰:"往无咎",上巽也①。

【注释】① 上巽:指向上顺从于阳刚。

【译文】《象传》说:"往前将无咎害",说明六三能够向上顺从于阳刚。

九四,大吉,无咎①。

【注释】① 大吉,无咎:此言九四当"聚"之时,下乘三阴,至获所据,故"大吉";但其位不正,本有"咎",唯"大吉"而建树伟功,然后得免其咎。

【译文】九四,大为吉祥,必无咎害。

《象》曰:大吉无咎,位不当也。

【译文】《象传》说:"大为吉祥,必无咎害",说明九四居位尚不妥当。

九五,萃有位,无咎,匪孚①;元永贞,悔亡②。

【注释】① 萃有位,无咎,匪孚:此言九五当天下"大聚"之时,高居尊位;但其时九四已擅聚三阴,己德未能广孚于众,故只能自守刚正以免咎。

② 元永贞,悔亡：元,善之长；永,久也；贞,正也,"元永贞"犹言"有德君长永久守正"。这两句承前文意,说明九五既禀阳刚尊长之德,则永久守持正固,必能免"匪孚"之咎而"悔亡"。

【译文】九五,会聚之时高居尊位,不致咎害,但还未能广泛取信于众；作为有德君长应当永久不渝地守持正固,则悔恨必将消亡。

《象》曰："萃有位",志未光也。

【译文】《象传》说："会聚之时,高居尊位",说明九五会聚天下的心志尚未光大。

上六,赍咨涕洟,无咎①。

【注释】① 赍咨涕洟,无咎：赍,音 qí,"赍咨",叠韵连绵词,谓悲叹声；涕洟,犹言"痛哭流涕"。此言上六处《萃》之终,穷极无应,又以阴乘凌九五阳刚尊长,求聚不得,故悲叹"赍咨",痛哭"涕洟"；唯其悲泣知惧,故亦得免害而"无咎"。

【译文】上六,咨嗟哀叹而又痛哭流涕,可免咎害。

《象》曰："赍咨涕洟",未安上也。

【译文】《象传》说："咨嗟哀叹而又痛哭流涕",说明上六求聚不得,未能安居于穷上之位。

【总论】"方以类聚,物以群分",自然界万物是在"群居"的形式中发展、进化。《公羊传》庄公四年曰："古者诸侯,必有会聚之事。"《白虎通义·宗族篇》云："生相亲爱,死相哀痛,有会聚之道,故谓之族。"可见,人类的"会聚",既有纯属"生态"领域的内容,又有充满政治色彩的内容。

《萃》卦,即揭示事物"会聚"之理;全卦大义,以人与人在政治关系中的相聚为喻。卦辞拟象于祭祀,说明"君王"、"大人"必须用美德、正道聚合"人"、"神",会通上下,就能亨通畅达、利有所往。其旨适如《彖传》所概括的"聚以正"则利,"顺天命"必吉。卦中四阴爻主于求聚于人,其中初六位卑不可妄聚,当专一孚诚求应;六二柔顺中正,利于受尊者牵引得聚;六三失正无应,能近比阳刚亦可往聚;惟上六穷居"萃"极,欲聚无门。至于四、五两阳并主于获人来聚,但四不当位而获三阴之聚,须"大吉"然后"无咎";五虽居尊而尚未取信于众,当修"元永贞"之德然后"悔亡"。综观六爻喻义,未有一爻呈现"凶"象,即使上六求聚不得,亦以忧惧知危而免害;但也未有一爻顺畅、完美地得遂聚合之愿,虽九五阳刚中正也多见诚意。于是,六爻一例系以"无咎"之辞。《系辞上传》曰:"无咎者,善补过也",尚先生云:"'无咎'非全美之辞"(《尚氏学》)。由此似可看出,《周易》作者认为"会聚"之时稍一失正即生变乱,故极力强调要长存戒防咎患之心。《大象传》申发"修治兵器,以备不虞"的意义,正是这一方面旨趣的集中体现。

升卦第四十六

䷭　升①：元亨，用见大人，勿恤②，南征吉③。

【注释】① 升：卦名，下巽(☴)上坤(☷)，象征"上升"。　② 元亨，用见大人，勿恤：用，犹"宜"。此言本卦下巽上坤，犹如和逊柔顺以上升，故获"元亨"；但卦中阳爻不当尊位，有所忧恤，故须出现"大人"才能长保"刚中"美德而"勿恤"。　③ 南征吉：南，象征"光明"，《说卦传》谓"离"为"南方之卦"，并云"圣人南面而听天下，向明而治"，即取"南"为"明"之义。此句说明事物当"和逊柔顺"上升之时，既获益于"大人"之德，又朝着光明方向前进，必畅通无阻，故称"吉"。

【译文】《升》卦象征上升：至为亨通，宜于出现大人，不须忧虑，向光明的南方进发必获吉祥。

《彖》曰：柔以时升，巽而顺，刚中而应，是以大亨①。"用见大人，勿恤"，有庆也②；"南征吉"，志行也③。

【注释】① 柔以时升，巽而顺，刚中而应，是以大亨：柔，指上下卦均为阴卦；巽，指下巽有"和逊"之义；顺，指上坤有"柔顺"之义；刚中，指九二阳刚居中。此以上下卦象和九二爻象释卦辞"升，元亨"之义，说明此时沿"柔"道上升，物情"巽顺"，阳刚者居中而能上应尊者，故获"元亨"。② 有庆也：释卦辞"用见大人，勿恤"。　③ 志行也：释卦辞"南征吉"。

【译文】《象传》说：沿着"柔"道适时上升，和逊而又柔顺，阳刚居中而能向上应合于尊者，所以大为吉祥。"宜于出现大人，不须忧虑"，说明此时上升必有福庆；"向光明的南方进发可获吉祥"，说明上升的心志如愿畅行。

《象》曰：地中生木，升①；君子以顺德，积小以高大②。

【注释】① 地中生木，升：释《升》卦上坤为地、下巽为木之象。② 君子以顺德，积小以高大：这是说明"君子"效法此卦"地中生木"之象，顺行其美德，积"小善"以成就高大的名望、事业。

【译文】《象传》说：地中生出树木，象征"上升"；君子因此顺行美德，积累小善以成就崇高弘大的事业。

初六，允升，大吉①。

【注释】① 允升，大吉：允，当也，犹言"宜"。此谓初六处"升"之始，柔顺在下，虽与六四无应，但上承二阳，与之合志而宜于上升，故"大吉"。

【译文】初六，宜于上升，大为吉祥。

《象》曰："允升大吉"，上合志也。

【译文】《象传》说："宜于上升、大为吉祥"，说明初六上承顺合二阳的心志而俱升。

九二，孚乃利用禴，无咎①。

【注释】① 孚乃利用禴，无咎：前句辞义与《萃》六二局。此言九二当"升"之时，禀刚中之德上应六五，犹如心存诚信、受任于尊者，故有虽薄祭亦可荐神获福之象;以此而"升",必能遂愿,故"无咎"。

【译文】九二,只要心存诚信即使"禴祭"微薄,也利于荐享神灵,不致咎害。

《象》曰:九二之孚,有喜也。

【译文】《象传》说:九二的诚信美德,必将带来喜庆。

九三,升虚邑①。

【注释】① 升虚邑:虚,《释文》"空也"。此言九三居下卦之终,阳刚得位,应于上六,将升至上卦之坤;坤阴为虚,故以"升虚邑"为喻,犹云上升之时,畅通无阻。

【译文】九三,上升顺畅犹如长驱直入空虚的城邑。

《象》曰:"升虚邑",无所疑也。

【译文】《象传》说:"上升顺畅犹如直入空虚的城邑",说明九三此时上升可以无所疑虑。

六四,王用亨于岐山,吉,无咎①。

【注释】① 王用亨于岐山,吉,无咎:王,当指殷王;亨,通"享",祭祀。这三句似举殷王来到岐山设祭,周人顺从服事的典故为喻,说明六四处《升》上卦之下,柔顺得正,宜守臣位,则可获吉而"无咎"。

【译文】六四,君王来到岐山祭祀神灵,吉祥,必无咎害。

《象》曰:"王用亨于岐山",顺事也①。

【注释】① 顺事:《正义》:"顺物之情而立功立事。"

【译文】《象传》说："君王来到岐山祭祀神灵"，说明六四要顺从君上、立功立事。

六五，贞吉，升阶①。

【注释】① 贞吉，升阶：升阶，犹言"沿阶上升"。此言六五当"升"之时，柔中居尊，下应九二，犹如任用下贤不自专权，故有守正获吉，沿"阶"升至尊位之象。

【译文】六五，守持正固可获吉祥，就像沿着阶级步步上升。

《象》曰："贞吉升阶"，大得志也。

【译文】《象传》说："守持正固可获吉祥，就像沿着阶级步步上升"，说明六五大遂上升的心志。

上六，冥升，利于不息之贞①。

【注释】① 冥升，利于不息之贞：此言上六以阴处《升》之终，居坤阴之极，有昏昧至甚却仍上升不已之象；故当守"贞"不息，未可轻举妄动、或擅为物主。

【译文】昏昧至甚却仍然上升，利于不停息地守持正固。

《象》曰：冥升在上，消不富也。

【译文】《象传》说：昏昧至甚却仍然上升，高居极位，说明上六的发展趋势必将消弱不能富盛。

【总论】《升》卦阐明事物顺势上升、积小成大的道理。卦辞称扬"上升"之时至为亨通，强调宜于出现具备"刚中"美德的"大人"，则可以顺畅无忧地上升,并可趋赴光明、获得吉祥。卦中六爻集中反映顺势求升之道:初六柔顺上承二阳,阴阳合志宜升;九二以刚中顺应柔中,心存诚信必升;九三阳刚和逊,顺升无碍如入无人之邑;六四柔正顺从尊者,必将获升得吉;六五柔中应下,其升如历阶直上;惟上六昏昧犹升、其势将消,当以守正不妄动为戒。可见,本卦大义主于"顺性"上升,侧重表明要遵循"自然规律";这与《晋》卦主于"顺明"求晋,侧重揭示要附丽光明"积极进取"的意义颇有区别。柳宗元的一篇著名寓言《种树郭橐驼传》,用植树规讽"为官"、处事之道,文中极称橐驼所自叙的"植树"要诀:"顺木之天,以致其性。"(《柳河东集》)试观本卦《大象传》所云"地中生木"为升,"君子以顺德,积小以高大",述旨与柳文的寓意颇相吻合。马振彪谓郭橐驼之语"盖得《易》义"(《周易学说》),所论甚是。

卷七

困卦第四十七

☷ 困①：亨②；贞，大人吉，无咎③；有言不信④。

【注释】① 困：卦名，下坎(☵)上兑(☱)，象征"困穷"。 ② 亨：此言"君子"处困而能自济，必致亨通。 ③ 贞，大人吉，无咎：此承前文"亨"而发，说明当"困"之时，只有守正之"大人"才能获吉免咎。卦中九二、九五阳刚处中，正具"大人"之象。 ④ 有言不信：此句又谓"困穷"之时，有所言必难取信于人。故此时当多修己德，少说为佳。

【译文】《困》卦象征困穷：努力自济必能亨通；应当守持正固，大人可获吉祥，不致咎害；此时有所言未必见信于人。

《彖》曰：困，刚揜也①。险以说，困而不失其所亨，其唯君子乎②！"贞，大人吉"，以刚中也③；"有言不信"，尚口乃穷也④。

【注释】① 刚揜也：揜，音 yǎn，即"掩"。此释卦名"困"，说明"困穷"是由于阳刚被掩而不能伸。卦中下坎为阳，上兑为阴，阳在阴下，正为"刚掔"之象。　②险以说,困而不失其所亨,其唯君子乎:险,指下坎;说,即"悦",指上兑。此以上下卦象释卦辞"亨"之义,谓"君子"处困,虽险犹悦,故能自济以致"亨"。　③以刚中也:此以二、五阳刚居中之象,释卦释"贞,大人吉,无咎"。　④尚口乃穷也:此释辞卦"有言不信"。

【译文】《彖传》说:困穷,表明阳刚被掩蔽不能伸展。面临险难而心中愉悦,这样虽处困穷也不失亨通的前景,大概只有君子才能如此吧!"守持正固,大人可获吉祥",说明济困求亨应当具备阳刚中和的美德;"此时有所言未必见信于人",说明崇尚言辞不但无益反而更致穷厄。

《象》曰:泽无水,困①;君子以致命遂志②。

【注释】① 泽无水,困:释《困》卦上兑为泽、下坎为水之象。　② 致命遂志:致命,含有"舍弃生命"之义;遂,成也,犹言"实现"。这是说明"君子"观《困》卦之象,悟知当"困穷"之时,宁可舍弃生命也要实现崇高志向。

【译文】《象传》说:泽上无水,象征"困穷";君子因此当困穷之时宁可舍弃生命也要实现崇高的志向。

初六,臀困于株木①,入于幽谷,三岁不觌②。

【注释】① 臀困于株木:株,树干;株木。此言初六处困之始,柔弱卑下,虽与九四相应,但四失位亦困,己又前临坎险,故穷厄不能自拔,犹如臀部困在"株木"下、居处难安。　② 入于幽谷,三岁不觌:三岁,犹言"多年";觌,音 dí,见也。这两句承前文之义而发,说明初六往前既无援应,静处又难安居,只得退入"幽谷",多年不露面目,以待困情解缓。

【译文】初六,臀部困在株木下不能安处,只得退入幽深的山谷,三年不见露出面目。

《象》曰:"入于幽谷",幽不明也①。

【注释】① 幽不明:《王注》:"入于不明,以自藏也。"

【译文】《象传》说:"只得退入幽深的山谷",说明初六苟且藏身于幽暗不明的处所。

九二,困于酒食,朱绂方来,利用享祀①;征凶,无咎②。

【注释】① 困于酒食,朱绂方来,利用享祀:绂,音 fú,古代祭服的饰带,"朱绂"借喻"荣禄"。这三句说明九二当困之时,虽"酒食"贫乏、艰难坎坷,但能刚中自守、安贫乐道,故终能荣禄临身,乃至被提拔担任主持祭祀大礼的要职。 ② 征凶,无咎:此谓九二安于贫穷,在"困"中求进,固多凶险;但以"刚中"美德努力济困,不顾安危、舍身"遂志",故终获"无咎"。

【译文】九二,酒食贫乏困穷,荣禄即将到来,利于主持宗庙祭祀的大礼;此时进取虽多凶险,但无所咎害。

《象》曰:"困于酒食",中有庆也。

【译文】《象传》说:"酒食贫乏困穷",说明九二只要保持中道就有福庆。

六三,困于石,据于蒺藜;入于其宫,不见其妻,凶①。

【注释】① 困于石,据于蒺藜;入于其宫,不见其妻,凶:石,喻九四;蒺藜,音 jílí,一年生草本植物,果实有刺,喻九二;宫,居室;见其妻,此处犹言配人为妻。此谓六三阴柔失正,以阴居阳,有"刚武"之志,因无应而比近九四,欲求为配偶,但四已应初,则三如困于石下、石坚难入;又乘凌九二,亦欲求配,但二刚强不可据,则三如错足蒺藜、棘刺难践;当此穷厄至甚之时,三虽退居其室,以失应不正之身,也只能茕茕独处、难以配人为妻,故曰"不见其妻"。爻义主于处困失道,必有凶险。

【译文】六三,困在巨石下(石坚难入),凭据在蒺藜上(棘刺难践);即使退回自家居室,也见不到配人为妻的一天,有凶险。

《象》曰:"据于蒺藜",乘刚也;"入于其宫,不见其妻",不祥也。

【译文】《象传》说:"凭据在蒺藜上(棘刺难践)",说明六三以阴柔乘凌刚强之上;"即使退入自家居室,也见不到配人为妻的一天",这是不吉祥的现象。

九四,来徐徐,困于金车,吝,有终①。

【注释】① 来徐徐,困于金车,吝,有终:来,指四来应初;徐徐,迟疑缓行之状;金车,喻九二。此言九四以阳刚居上卦之始,欲来下应初六,但自身失正,前路为二所阻,犹如"困于金车",故迟疑缓行;又因初、四正应,四虽有受困不能速来之憾,但谦谨而行终有应合之时,故虽"吝"而"有终"。

【译文】九四,迟疑缓缓地前来,被一辆金车困阻,有所憾惜,但终究能如愿应合配偶。

《象》曰:"来徐徐",志在下也;虽不当位,有与也①。

【注释】① 有与:犹言为物所赞与,使之称心如愿。

【译文】《象传》说:"迟疑缓缓地前来",说明九四的心志在于求合在下的初六;尽管居位不妥当,但谦谨而行必能称心如愿。

九五,劓刖,困于赤绂①;乃徐有说,利用祭祀②。

【注释】① 劓刖,困于赤绂:劓,削鼻之刑;刖,音 yuè,截足之刑;赤绂,古代贵族祭服之饰,借喻九五高居尊位。此言九五以阳居阳位,行事刚猛,犹如过为施用刑法以治下,乃至众叛亲离,困穷于尊位。　②乃徐有说,利用祭祀:徐,渐也;说,通"脱"。此谓九五虽"困于赤绂",但因有刚中之德,故能改正过猛行为,渐能摆脱困境;此时应当广泛取信于人、神,才能保其"社稷",故曰"利用祭祀"。

【译文】九五,施用削鼻截足的刑罚治理众人,以至困穷在尊位;但可以渐渐摆脱困境,利于举行祭祀。

《象》曰:"劓刖",志未得也;"乃徐有说",以中直也;"利用祭祀",受福也。

【译文】《象传》说:"施用削鼻截足的刑罚治理众人",说明九五济困的心志未能有所得;"可以渐渐摆脱困境",这是守持刚中正直之道所致;"利于举行祭祀",这样就能承受神灵施降的福泽。

上六,困于葛藟,于臲卼①;曰动悔有悔,征吉②。

【注释】① 困于葛藟,于臲卼:藟,音 lěi,藤类植物;臲卼,音 nièwù,意同"槷隍"、"陧杌"、"峗屼"等,形容动摇不安之状。此言上六以阴居困之极,乘凌二刚,下无应援,犹如困于藤蔓之缠,又如濒临危坠之地。后句"于"字之前,承前句省略一"困"字。　②曰动悔有悔,征吉:曰,发语辞,此处含有"思量"、"谋划"之意;动悔,动辄生悔,犹言"后悔",承上文"困"极而发;有悔,应有所悔,犹言"悔悟",启下文"征吉"之占。这两句说明上六虽处极困之境,但困极必反,只要因"动悔"而能"有悔",吸取教训、谨慎思谋其行为,必能解脱困境、"征"而获"吉"。

【译文】上六,困在葛蔓藟藤之间,又困在摇动危坠之处;应当想一想:既然动辄后悔就要赶快悔悟,这样向前进发必获吉祥。

《象》曰:"困于葛藟",未当也;"动悔有悔",吉行也①。

【注释】① 吉行:犹言"行则吉"。

【译文】《象传》说:"困在葛蔓藟藤之间",说明上六所处地位未曾稳当;"动辄后悔就要赶快悔悟",说明前行可以解困并获得吉祥。

【总论】文天祥《正气歌》热情赞颂了古代为正义而斗争的人们,表现了诗人崇高的民族气节。诗中有两句说道:"时穷节乃见,一一垂丹青。"(《文山先生全集》)表明在困苦穷厄之际,最能检验人的品质。《困》卦大义,正是喻示处"困穷"的道理。卦辞极力说明,只有"君子"才能身当困境、其道亨通,称扬守持正固的"大人"可获吉祥、无咎;并进一步指出,此时凡有所言均难见信于人,因此务须洁身自守,修美己德。《象传》用"刚揜"两字,揭出导致"困穷"的根本原因是阳刚被掩蔽不能伸展,亦即"君子"被"小人"压抑侵凌。卦中六爻分别展示不同的处"困"情状,其中三阴爻柔暗懦弱,罹困至甚:初六坐困不能自拔,六三困非其所、据非其地,两者难免凶危;惟上六当困极将通之时,能及早悔悟则可解困获吉。三阳爻虽亦在"困"中,但均以阳刚气质而能守正脱困:二、五禀刚中美德,或于贫困艰难之时舍身遂志而获无咎,或以孚诚中正之志转危为安渐脱困境;九四前路受困阻,因谦谨缓行也能得遂己愿。可见处"困"之道阴阳有别、因人而异。吴曰慎论曰:"困非自己致时而时势适逢者,则当守其刚中之德,是谓'困而不失其所亨'也,其道主于'贞';若困由己之柔暗而致者,则当变其所为,以免于困也,其道主于'悔'。学者深察乎此,则处困之道,异宜而各得矣。"(《折中》引)若细致体味本卦的"象外之旨",还可以看出作《易》者的一层深切寓旨:困穷有时难以避免,正气却不可一刻消颓。《大象传》称"君子以致命遂志",正见此意;孔子曰:"三军可夺帅也,匹夫不可夺志也。"(《论语·子罕》)与这一义理也甚为吻合。

井卦第四十八

䷯　井①：改邑不改井②，无丧无得③，往来井井④。汔至亦未繘井，羸其瓶，凶⑤。

【注释】① 井：卦名，下巽（☴）上坎（☵），象征"水井"。　② 改邑不改井：改，迁移；邑，泛指"邑里"。此句以"邑"可迁"井"不可徙，喻井德"不变"。　③ 无丧无得：此以井水汲之不竭，注之不盈，喻井德"有常"。④ 往来井井：往来，犹言"往者来者"；井井，即反复不断地以井为用。此句以井之用喻其"养物不穷"之德。　⑤ 汔至亦未繘井，羸其瓶，凶：汔，音qì，接近；繘，音jú，通"矞"，义谓"出"；羸，《王注》以"覆"释之，《程传》谓"毁败"，亦言"倾覆"；瓶，此指古代汲水器。这三句言汲水之道，说明水将出井、若倾覆水瓶，则无所获而有凶；比喻人的"德行"不能善始善终，必将导致凶咎。

【译文】《井》卦象征水井：城邑村庄可以改移而水井不可迁徙，每日汲引不见枯竭、泉流注入也不满盈，往者来者都反复不断地依井为用。汲水时水瓶将升到井口尚未出井，要是使水瓶倾覆毁败，必有凶险。

《彖》曰：巽乎水而上水①，井；井养而不穷也②。"改邑不改井"，乃以刚中也③；"汔至亦未繘井"，未有功也④；

"羸其瓶",是以凶也⑤。

【注释】① 巽乎水而上水:巽,顺也,指下卦巽;水,指上卦坎;上,用如动词,"上水"犹言"使水上"。此以上下象释卦名"井",说明井的形成,是顺沿水的渗性,掘地开孔,引泉使上,遂为"井"。 ② 井养而不穷也:养,施养于人。此句既承前文释卦名"井"之义,又启下节释卦辞之文。 ③ 乃以刚中也:刚中,指九二、九五阳刚居中。此以二、五爻象释卦辞"改邑不改井"之义,谓两爻恒守"刚中",犹如井德有常不渝。 ④ 未有功也:释卦辞"汔至亦未繘井"。 ⑤ 是以凶也:释卦辞"羸其瓶"。

【译文】《彖传》说:顺沿水的渗性而往地下开孔引水使上,便是水井;水井养人的功德无穷无尽。"城邑村庄可以改移而水井不可迁徙",就像"君子"恒守阳刚居中的美德;"汲水时水瓶将升到井口尚未出井",说明此时未曾实现井水养人的功用;"要是使水瓶倾覆毁败",那就必然要导致凶险。

《象》曰:木上有水,井①;君子以劳民劝相②。

【注释】① 木上有水,井:释《井》卦下巽为木、上坎为水之象,言树木体内有水分津润、由根茎向上运行,正如井水被汲上养人。 ② 劳民劝相:劳,劳赍,"劳民"犹言"为民操劳";相,助也,"劝相"犹言"互助"。这是说明"君子"观《井》卦之象,悟知应当"劳民劝相"、广益于人,以效法"井养而不穷"之德。

【译文】《象传》说:树木上端有水分渗出,象征"水井";君子因此(效法"井养"之德)努力为庶民操劳,劝勉百姓互相资助。

初六,井泥不食,旧井无禽①。

【注释】① 井泥不食,旧井无禽:旧,通"久"。此言初六阴柔卑下,上无应援,正如井底沉滞污泥而不出泉;井久未修,唯积淤泥,故"禽"不一顾,人不汲食。

【译文】初六,井底污泥沉滞不可食用,这口井久未修治连禽鸟也不屑一顾。

《象》曰:"井泥不食",下也;"旧井无禽",时舍也。

【译文】《象传》说:"井底污泥沉滞不可食用",说明初六柔暗卑下;"这口井久未修治连禽鸟也不屑一顾",说明初六一暗被外物共同舍弃。

九二,井谷射鲋,瓮敝漏①。

【注释】① 井谷射鲋,瓮敝漏:井谷,井中出水之穴窍也。鲋,音 fù,谓"小鱼"。"鲋"犹言"射鱼";瓮,指古代汲水器。这两句说明九二虽阳刚居中,但失位无应,未能施用于上,犹如井中穴窍容有清水却未见汲,而被枉作为"射鲋"之用;又如汲水者瓶瓮敝漏,无法汲引取用。

【译文】九二,井中容水的穴窍被枉作为射取小鱼之用,此时瓶瓮敝败破漏无法汲水。

《象》曰:"井谷射鲋",无与也①。

【注释】① 无与:犹"无应",指九二上无应与。

【译文】《象传》说:"井中容水的穴窍被枉作为射取小鱼之用",说明九二无人应与援引。

九三,井渫不食,为我心恻①;可用汲,王明并受其福②。

【注释】① 井渫不食,为我心恻:渫,音 xiè,掏去污泥使水洁净。

② 可用汲,王明并受其福:可用汲,犹言应该赶快汲取。此谓九三虽下无阴爻可据,但上与上六相应,故终将有"可汲"之时;而"君王"也将因汲用之明,使君臣并受福泽。

【译文】九三,水井掏治洁净却不被汲食,使我心中隐隐凄恻;应该赶快汲取这清澈的井水,君王圣明君臣将共受福泽。

《象》曰:"井渫不食",行恻也①;求"王明"②,受福也。

【注释】① 行恻:《王注》:"行感于诚,故曰'恻'也。" ② 求:盼求,犹言"希望"。

【译文】《象传》说:"水井掏治洁净却不被汲食",说明九三的行为未被理解真令人凄恻;希望"君王圣明",是为了君臣共受福泽。

六四,井甃,无咎①。

【注释】① 井甃,无咎:甃,音 zhòu,以砖修井。此谓六四柔正得位,但下无所应,故当静守修德,不可急于进取;犹如井坏能修,则可"无咎"。

【译文】六四,水井正在修治,必无咎害。

《象》曰:"井甃无咎",修井也①。

【注释】① 修井:《正义》:"但可修井之坏,未可上给养人也。"

【译文】《象传》说:"水井正在修治、必无咎害",说明六四但可修井(不可急切施养于人)。

九五,井洌,寒泉食①。

【注释】① 井洌,寒泉食:洌,音 liè,《说文》:"水清也。"此言九五阳刚中正,居《井》尊位,亲比上六,犹如"寒泉"般的清澈井水,可以汲上供人食用。

【译文】九五,井水清澈,洁净的寒泉可供食用。

《象》曰:"寒泉之食",中正也。

【译文】《象传》说:"洁净的寒泉可供食用",说明九五具有阳刚中正的美德。

上六,井收,勿幕;有孚,元吉①。

【注释】① 井收,勿幕;有孚,元吉: 收,成也;幕,盖也。此谓上六居《井》之终,下应九三,犹如井水已汲出井口,为井功大成之象;此时应当心怀诚信,广施"井养"之德,必获"元吉"。

【译文】上六,水井的功事已成,不用覆盖井口;此时心怀诚信,至为吉祥。

《象》曰:"元吉"在上,大成也。

【译文】《象传》说: 上六高居上位,至为吉祥,说明此时井功已经大成。

【总论】《释文》引《周书》有"黄帝穿井"的传说,据此可以推知,在远古时代井就出现了。孔颖达所谓"养物不穷,莫过乎井"(《正义》),即道出水井对人类生活造福至伟。《井》卦的大旨,则是把"井"人格化了,通过展示水井"养人"的种种美德,譬喻"君子"应当修美自身、惠物无穷。卦辞一方面赞扬水井定居不移、不盈不竭、反复施用的特性,描绘出守恒不渝、大公无私的"君子"形象;另一方面告诫汲水者,当水将出井口时,若倾覆水瓶将有凶险,这又生动地暗示修德惠人者要善始善终,不可功败垂成。卦中六爻,从阴阳情状看,阳像井水,阴像井体,《折中》引邱富国云:"先儒以三阳为泉,三阴为井,阳实阴虚之象也。"若就诸爻所喻之"井德"看,则初、四两阴言井体有弊当修,或戒"井泥"必见弃于人,或曰井坏宜速治免咎;二、三两阳谓井水可汲当汲,或无人汲引将被枉作"射鱼"之用,或有明者汲取必见井养之福;五、上一阳一阴,前者水洁味甘、人所共食,后者井功大成、施用无穷。总观全卦的喻旨,无非强调"修身"与"养人"两端。其中九五以"井冽寒泉"为象,最见"井德"佳美。后汉李尤《井铭》曰:"井之所尚,寒泉冽清;法律取象,不概自平。多取不损,少汲不盈;执宪若斯,何有邪倾?"(《艺文类聚》引)此铭把"寒泉"视为清廉公允的象征,称颂井水"不损"、"不盈"的品质,寄托了作者对政治清明的殷殷期望之情:这些均可看出作品的立意受到《井》卦义理的深刻影响。

革卦第四十九

䷰　革①：己日乃孚，元亨，利贞，悔亡②。

【注释】① 革：卦名，下离（☲）上兑（☱），象征"变革"。　② 己日乃孚，元亨，利贞，悔亡：己日，古代以"十干"纪日，"己"正当前五数与后五数之中而交转相变之时，故有"转变"的象征寓意；其后一数"庚"，则有"已变更"之义。卦辞取"己日"为象，说明面临当须"转变"之际果断推行变革，并能够心怀"孚信"，则天下也将以"信"应之；这样就可获"元亨"，利于守"正"，其"悔"必将消亡。

【译文】《革》卦象征变革：在亟须转变的"己日"推行变革并能取信于众，前景就至为亨通，利于守持正固，悔恨必将消亡。

《彖》曰：革，水火相息①；二女同居，其志不相得②，曰革。己日乃孚，革而信之③；文明以说，大亨以正，革而当，其悔乃亡④。天地革而四时成；汤武革命⑤，顺乎天而应乎人：革之时大矣哉！

【注释】① 水火相息：水，指上兑为泽；火，指下离为火；息，长也。此谓上下卦含水火相长、交互更革之象。　② 二女同居，其志不相得：二女，指下离为中女，上兑为少女。此又以上下卦有"二女"之象，谓两者同居、志向各异而终将生变。此二句配合前文并释卦名"革"。　③ 革而信之：此释卦辞"己日乃孚"，说明推行变革若能适合当变之机并取信于众，则天下人必将纷纷信从。　④ 文明以说，大亨以正，革而当，其悔乃亡：文明，指下离为火；说，即"悦"，指上兑为悦。此释卦辞"元亨，利贞，悔亡"，说明变革之时以"文明"之德使天下愉悦，并守持正固使前景至为亨通，则所革必当，其悔必亡。　⑤ 汤武革命：指商汤灭夏桀，周武王灭殷纣。自前文"天地革"至末，广举"天地"、"四时"、"汤武"为说，极赞"变革"之时功效弘大。

【译文】《彖传》说：变革，譬如水火相长交互更革；又像两个女子同居一室，双方志趣不合终将生变，这就称为"变革"。在亟须转变的"己日"推行变革并能取信于众，于是变革过程天下就纷纷信服；凭着文明的美德使人心愉悦，守持正固使前景大为亨通，这样变革就稳妥得当，一切悔恨必将消亡。天地变革导致四季形成；商汤、周武变革桀、纣的王命，那是既顺从"天"的规律又应合百姓的愿望："变革"之时的功效是多么宏大啊！

《象》曰：泽中有火，革①；君子以治历明时②。

【注释】① 泽中有火，革：释《革》卦上兑为泽，下离为火之象。② 治历明时：这是说明"君子"观《革》卦之象悟知事物变革的道理，故撰制历法，以明四时之变。

【译文】《象传》说：水泽中有烈火，象征"变革"；君子因此撰制历法以辨明四季的更改。

初九，巩用黄牛之革①。

【注释】① 巩用黄牛之革：巩，固也；黄，中之色，喻持中驯顺；牛之革，坚韧之物，喻守常不变。此谓初九以阳刚卑微处革之始，上无援助，未能应变，故以"黄牛之革"系缚喻必须固守常规，不可妄为。

【译文】初九,应该用黄牛的皮革牢固束缚住。

《象》曰:"巩用黄牛",不可以有为也。

【译文】《象传》说:"用黄牛的皮革牢固束缚",说明初九不可有所作为,妄行变革。

六二,已日乃革之,征吉,无咎①。

【注释】① 已日乃革之,征吉,无咎:此言六二处"革"之时,柔中得正,上应九五,又居下离之中,犹如时当"日中将昃",正值"己日"待变之际,故须断然奉行变革;以此有"征",必能获"吉"而"无咎"。

【译文】六二,在亟须转变的"己日"断然推行变革,往前进发必有吉祥,不致咎害。

《象》曰:"己日革之",行有嘉也。

【译文】《象传》说:"在亟须转变的'己日'断然推行变革",说明六二努力前行必获佳美之功。

九三,征凶,贞厉;革言三就,有孚①。

【注释】① 征凶,贞厉;革言三就,有孚:贞厉,犹言"守正防危";言,语气助词;三,泛指多番;就,谓俯就。此言九三处《革》下卦之上,有"革"道初成之象,宜于审慎稳进,但三以阳居阳,刚亢躁行,故戒以"征凶,贞厉";又谓此时的变革措施须以暂退求进,即"三就"于旧制,抚慰人心,安定大局,巩固成果,如此则能以"孚诚"取信于民,稳步推行改革。此亦《象传》所云"革而当,其悔乃亡"之义。

【译文】九三,急于求进必生凶情,守持正固防备危险;变革既已初见成效更须多番俯就人心安定大局,处事要心存诚信。

《象》曰:"革言三就",又何之矣!

【译文】《象传》说:"变革既已初见成效更须多番俯就人心安定大局",说明九三此时又何必过急前行呢!

九四,悔亡,有孚改命,吉①。

【注释】① 悔亡,有孚改命,吉:改,犹言"革","改命"即"革除旧命"。此谓九四失位本有"悔",但当"革"之时,处上卦"水火"更革之际,刚而能柔,正可推行变革,故"悔亡";此时若能以孚诚之心革除旧命,必获吉祥。

【译文】九四,悔恨消亡,心存诚信以革除旧命,吉祥。

《象》曰:"改命之吉",信志也①。

【注释】① 信志:信,通"伸"。

【译文】《象传》说:"革除旧命可获吉祥",说明九四畅行变革之志。

九五,大人虎变,未占有孚①。

【注释】① 大人虎变,未占有孚:占,有疑而问;"未占"犹言"不须置疑"。此谓九五当"革"之时,以阳刚中正高居尊位,犹如"大人"全面推行变革,势若猛虎奋威;此时"革"道昭著,故不须占问,九五的孚信之德自显光彩。

【译文】九五,大人像猛虎一样推行变革,毫无疑问必能昭显精诚信实的美德。

《象》曰:"大人虎变",其文炳也①。

【注释】① 其文炳:文,谓"文采"、"文章",指"道德"言。

【译文】《象传》说:"大人像猛虎一样推行变革",说明九五的美德文采炳焕。

上六,君子豹变,小人革面①;征凶,居贞吉②。

【注释】① 君子豹变,小人革面:面,朝向;"革面"犹言"改变倾向"。此谓上六处《革》之终,"革"道大成,犹如斑豹一样协助"大人"变革,从而建树功勋;此时全局已定,故"小人"纷纷顺应,改变倾向。 ② 征凶,居贞吉:此承前文之义而发,言上六既当变革成功、大局稳定之时,宜于静居持正,守成则吉;若不安守既有成果,再思变革,则过犹不及,必致凶险。

【译文】上六,君子像斑豹一样助成变革,小人纷纷改变旧日倾向;此时若继续激进不止必有凶险,静居守持正固可获吉祥。

《象》曰:"君子豹变",其文蔚也①;"小人革面",顺以从君也。

【注释】① 其文蔚:蔚,文采映耀之状。此言上六助成变革的美德,因"大人"的辉映而蔚然成彩。

【译文】《象传》说:"君子像斑豹一样助成变革",说明上六的美德因大人的辉映蔚然成彩;"小人纷纷改变旧日倾向",这是顺从君主的变革。

【总论】朱熹说:"革,是更革之谓,到这里须尽翻转更变一番","须彻底从新铸造一番,非止补苴罅漏而已。"(《朱子语类》)此语揭示了《革》卦所谕"变革"意义的激烈性质。从卦辞的主旨分析,则是集中强调变革取得成功的两大要素:首先,要把握时机,犹如选择亟待转变的"己日"断然推行变革，必能顺畅；其次，要存诚守正，即推行变革者必须遵循正道，以孚诚之心取信于人。以此行革，"元亨"可致，"悔恨"皆消。《彖传》称"汤武革命，顺乎天而应乎人"，正是用史例说明上述两义："顺天"，则顺合当变之机；"应人"，则行正获人信从。六爻的喻象均围绕卦辞大义申发其旨，展示事物变革初期到末期的发展过程，体现了作者对变革规律的深刻认识：初九阳微位卑，时未可变须固守常制；六二柔中有应，其时将变当断然行革；九三变革小成，不可激进宜慎抚人心；九四以刚处柔，变局将著当力改旧命；九五阳刚中正，"虎变"创制而信德昭彰；上六助成革命，"豹变"立功要安守成果。显然，诸爻分别反映变革过程某一阶段的特征；初爻与上爻始于固守旧规、终于安保新制的义理，又表露出事物全面、彻底更革的"质变"情状。《周易》哲学立足于"变"，《革》卦则是论"变"的典型。尽管诸家《易》说多从政治变革的角度阐述卦旨，但其象征意义实可广为旁通。就文学现象而言，刘勰《文心雕龙》撰立"通变"一篇，论说文学发展的"参伍因革"之道，即与此卦理趣相通。唐代韩愈、柳宗元等人力扫齐梁积弊，推行旨在改革文风的"古文运动"，极力倡扬"惟陈言之务去"、"变浮靡为雅正"，更是"变革"哲理在文学理论上的体现。

鼎 卦 第 五 十

䷱　鼎①：元吉,亨②。

【注释】① 鼎：卦名,下巽(☴)上离(☲),象征"鼎器"。　② 元吉,亨：此谓"鼎"有烹物成新之用,又有权力法制之象,故"君子"掌持此器也意味着执行权力、"自新新人",此时必获"元吉"而后致"亨通"。

【译文】《鼎》卦象征鼎器：至为吉祥,亨通。

《彖》曰：鼎,象也；以木巽火,亨饪也①。圣人亨以享上帝,而大亨以养圣贤②。巽而耳目聪明③,柔进而上行,得中而应乎刚④,是以元亨。

【注释】① 鼎,象也；以木巽火,亨饪也：木,指下巽为木；巽,顺从；火,指上离为火；亨,通"烹"(下两句"亨"字同)。此以上下卦象释卦名"鼎"之义,谓二体犹如以木顺火,含用鼎烹饪之象。　② 圣人亨以享上帝,而大亨以养圣贤：享,祭也；上帝,犹言"天帝"。这两句极称"鼎"具有烹物以祭享天帝、奉养贤人的两大功用。　③ 巽而耳目聪明：巽,逊顺,指下卦；聪明,指上离为明。此句又取上下象为说,言"鼎"用之利,可使贤人获养然后逊顺以辅助于上,故上者获助而"耳目聪明"。无所为而有成。　④ 柔进而上行,得中而应乎刚——柔进、得中,指六五上行居尊、得处中位；刚,指九二。此举六五所含"柔中"、"应刚"之德,喻尊者以鼎养贤、"自新新人"，合前二句并释卦辞"元吉，亨"之义。

【译文】《彖传》说：鼎器，是烹饪养人的物象；用木柴顺从火的燃烧，即为烹饪情状。于是圣人烹煮食物来祭享天帝，又大规模地烹物来奉养圣贤。烹物养贤可以使贤人逊顺辅助尊者而尊者就能耳聪目明，此时尊者凭着谦柔美德前进并向上直行，高居中位又能下应阳刚贤者，所以至为亨通。

《象》曰：木上有火，鼎①；君子以正位凝命②。

【注释】① 木上有火，鼎：释《鼎》卦下巽为木、上离为火之象。此与《彖传》"以木巽火"义同。　② 正位凝命：正，端正，用如动词；凝，亦作动词，犹言"严守"，即不疎失；命，使命。这是说明"君子"效法鼎器体正实凝之象，端正己位、严守使命，以免入邪途，不负职守。

【译文】《象传》说：木上烧着火焰，象征"鼎器"在烹煮；君子因此效法鼎象端正居位、严守使命。

初六，鼎颠趾，利出否①；得妾以其子，无咎②。

【注释】① 鼎颠趾；利出否：否，不善之物，谓废物。此言初六处"鼎"之始，阴虚在下，为"颠鼎"之象；鼎将纳物烹煮，宜先颠转清倒废物，故曰"利出否"。　② 得妾以其子，无咎：妾，喻初六；子，喻九四。此象与前文"颠趾"、"出否"相承，谓初六虽处卑下，但上应九四，当"出否"之后正可纳物烹饪；犹如为妾生子可以因子贵而扶为正室，此亦去旧成新之义，故"无咎"。

【译文】初六，鼎器颠转脚跟，利于倾倒废物；就像娶妾生子扶作正室，必无咎害。

《象》曰："鼎颠趾"，未悖也；"利出否"，以从贵也①。

【注释】① 从贵：指初六上从九四，得其纳物以为烹饪；犹"妾"因贵子而扶为正室。

【译文】《象传》说："鼎器颠转脚跟"，未必悖理；"利于倾倒废物"，说明初六应当上从尊贵者(以期纳新)。

九二，鼎有实①；我仇有疾，不我能即，吉②。

【注释】① 鼎有实：此言九二居《鼎》下卦之中，阳刚充实，故为"鼎有实"之象。 ② 我仇有疾，不我能即，吉：我，指九二；仇，匹配，指六五；即，就也，"不我能即"谓"不能就我"。此言九二上应六五，五乘刚犹如"有疾"而不能前来就二；九二则由是免增负荷，鼎实不致充溢，故"吉"。

【译文】九二，鼎中装满物品；我的配偶身有疾患，暂不来加重我的负荷，吉祥。

《象》曰："鼎有实"，慎所之也①；"我仇有疾"，终无尤也②。

【注释】① 慎所之：鼎既有实，复加必溢，故其行当慎。 ② 终无尤：指鼎中不加重负荷，终将无过尤。

【译文】《象传》说："鼎中装满物品"，说明九二要谨慎前行；"我的配偶身有疾患"，说明九二(暂未获应于六五)终将无所过尤。

九三，鼎耳革，其行塞，雉膏不食①；方雨亏悔，终吉②。

【注释】① 鼎耳革，其行塞，雉膏不食：雉，音 zhì，野鸡，"雉膏"谓"野鸡羹"。此言九三处《鼎》下卦之上，当"鼎耳"之位，但以阳居阳，刚实不能虚中，犹如鼎耳中空处变异堵塞，无法插杠举鼎运行，故曰"鼎耳革，其行塞";又因三、上俱阳不应,则九三既难行又无援,故徒有鼎器无所为用,虽有"雉膏"不能见食。　②方雨亏悔,终吉:方,将要,此处含"待到"之意;雨,象征阴阳调和;亏,消也。这两句从正面诫勉九三,谓其虽阳刚太甚,有"耳革"、"行塞"、"雉膏不食"之悔,但所属下巽为阴卦,若能取阴调阳,必能出现阴阳和通之"雨",则可消其悔,终获吉祥。

【译文】九四,鼎器耳部变异,插杠举移的路途堵塞,精美的雉膏不得获食;待到出现阴阳调和的霖雨必能消除悔恨,终获吉祥。

《象》曰:"鼎耳革",失其义也①。

【注释】① 失其义:义,宜也。

【译文】《象传》说:"鼎器耳部变异",说明九三有失虚中之宜。

九四,鼎折足,覆公𫗧,其形渥,凶①。

【注释】① 鼎折足,覆公𫗧,其形渥,凶:𫗧,音 sù,《正义》:"𫗧,糁也,八珍之膳,鼎之实也";形,指鼎身;渥,沾濡之状。此言九四上承六五,所任已重,但又下应初六,且失正不中,有行事不自量力之象,犹如鼎器难承重荷,必致"折足"、"覆𫗧",其体亦遭沾渥,故"凶"。

【译文】九四,鼎器难承重荷鼎足断折,王公的美食全被倾覆,鼎身沾濡龌龊,有凶险。

《象》曰:"覆公𫗧",信如何也①!

【注释】① 信如何:指九四不值得信任。

【译文】《象传》说:"王公的美食全被倾覆",说明九四怎么值得信任呢!

六五,鼎黄耳金铉,利贞①。

【注释】① 鼎黄耳金铉,利贞:黄,中之色,喻六五柔中;金,刚坚之物,喻五居阳位又与刚爻相应;铉,音 xuàn,举鼎的器具,即"鼎杠"。此谓六五柔中处尊,既居阳位又获九二刚爻之应,犹如鼎器配着"黄耳"、插入"金铉",适可举移以供烹饪;故利于守正,必尽鼎用之美。

【译文】六五,鼎器配着黄色的鼎耳、刚坚的鼎杠,利于守持正固。

《象》曰:"鼎黄耳",中以为实也①。

【注释】① 中以为实:指六五下应九二,获阳实之益。

【译文】《象传》说:"鼎器配着黄色的鼎耳",说明六五居中而获刚实之益。

上九,鼎玉铉,大吉,无不利①。

【注释】① 鼎玉铉,大吉,无不利:玉,刚坚温润之物,喻上九以刚处柔。此谓上九居《鼎》之终,阳处阴位,犹如用刚润之玉所制的鼎杠;此时上不系应于三,意在广应下者,犹如"玉铉"极其举鼎之用,为鼎功大成之象,故大为吉祥、无所不利。

【译文】上九,鼎器配着玉制的鼎杠,大为吉祥,无所不利。

《象》曰:玉铉在上,刚柔节也。

【译文】《象传》说:玉制的鼎杠高居于上,说明上九阳刚能用阴柔为调节。

【总论】鼎,作为烹饪之器,有"养人"的功用;作为"法器",又是"权力"的象征。《九家易》曰:"鼎者,三足一体,犹三公承天子也。三公,谓调阴阳;鼎,谓调五味。"(《集解》引)可见,《鼎》卦立义,是借烹物化生为熟,譬喻事物调剂成新之理,其中侧重体现行使权力、"经济天下"、"自新新人"的意义;《杂卦传》所谓"《革》去故也,《鼎》取新也",即明此旨。马振彪指出:"革之大者,无过于迁九鼎之重器,以新一世之耳目;而鼎之为用,又无过于变革其旧者,咸与为新,而成调剂大功。故《鼎》承《革》卦,以相为用。若器主烹任以养,犹其小焉者也。《大象》括以'正位凝命'四字,养德养身、治家治国之道,为有天下者所取法,皆不能出其范围。"(《周易学说》)从卦辞的大义看,所称"君子"掌持鼎器至为吉祥,前景亨通,也是立足于强调"去故取新"、法制昌明的宗旨。观卦中六爻,各取鼎器的某一部位或配件为喻,无非说明在一定的环境条件下,任事执权的不同情状。诸爻吉美之占居多,如初六阴柔在下、颠倒鼎脚、清除废物可获"无咎";九二鼎中有实,谨慎处之、不使充溢可致"吉祥";九三鼎耳变异、鼎用受碍,若能调和阴阳亦终有吉;至于五、上两爻如金玉之"铉",则佳美尤甚,前者为一卦掌鼎之主、"利"在守"正",后者鼎用大成、"大吉,无不利"。全卦惟九四一爻不称职权,"折足"、"覆㪬",是寓诫最为深刻的反面形象。董仲舒引此论曰:"以所任贤,谓之主尊国安;所任非其人,谓之主卑国危:万世必然,无所疑也。其在《易》曰:'鼎折足,覆公㪬。'夫鼎折足者,任非其人也;覆公㪬者,国家倾也。是故任非其人而国家得不倾者,自古至今,未尝闻也。"(《春秋繁露·精华篇》)显然,六爻的正反面喻象集中揭示了本卦的核心意义:鼎器功用之所能成,事物新制之所以立,必须依赖多方面的纯正、坚实"力量"的协心撑持;《大象传》盛称"君子"应当端正居位、严守使命,实是对这一义理的绝好阐述。

震卦第五十一

☳ 震①：亨②。震来虩虩，笑言哑哑③；震惊百里，不丧匕鬯④。

【注释】① 震：卦名，上下卦均为震(☳)，象征"雷声震动"。 ② 亨：雷威震动万物，使皆警惧，故可致"亨通"。 ③ 震来虩虩，笑言哑哑：虩，音 xì，"虩虩"，恐惧貌；哑，音 è，"哑哑"，笑声。此言雷动之际，天下恐惧，万物因之谨慎不敢妄为，然后能致福而欢笑。 ④ 震惊百里，不丧匕鬯：百里，喻地域之广，兼指古代诸侯国以"百里"为封地；匕，勺、匙之类盛食物的器具，古代祭祀时用以盛"鼎实"；鬯，音 chàng，祭祀所用酒名。句中"匕鬯"借代"祭祀"。此取"人事"为喻，说明诸侯的"教令"如雷动惊闻百里，则国内整肃，就能"不丧"宗庙祭祀，"社稷"因之长保。

【译文】《震》卦象征雷声震动：可致亨通。震雷骤来万物惶恐畏惧，然后慎行保福遂获笑语声声；君主的教令像震雷惊闻百里，宗庙祭祀于是长延不绝。

《彖》曰：震，亨①。"震来虩虩"，恐致福也②；"笑言哑哑"，后有则也③。"震惊百里"，惊远而惧迩也④；出，可以守宗庙社稷，以为祭主也⑤。

【注释】① 震，亨：此以卦辞"亨"字释卦名"震"。孔颖达谓或本无此二字。　②恐致福：此释卦辞"震来虩虩"。　③后有则：则，法则。此释卦辞"笑言哑哑"，谓因恐惧而谨守法则，然后致福而欢笑。　④惊远而惧迩：迩，近也。此释卦辞"震惊百里"。　⑤出，可以守宗庙社稷，以为祭主也：出，指君主外出；守宗庙、为祭主，指"震"有"长子"象，故当君主外出可以留守执掌国权，《说卦传》："震一索而得男，故谓之长男。"《序卦传》："主器者莫若长子，故受之以《震》。"此三句释卦辞"不丧匕鬯"，谓诸侯能以教令震惧其国，则即使君主外出，长子亦能掌权长保社稷。

【译文】《彖传》说：雷声震动，可致亨通。"震雷骤来万物惶恐畏惧"，说明恐惧谨慎必能导福泽；"然后慎行保福遂获笑语声声"，说明警惧之后行为就能遵循法则。"君主的教令像震雷惊闻百里"，说明不论远近都震惊恐惧；（"宗庙祭祀于是长延不绝"）又说明此时即使君主外出，也能够有长子留守宗庙社稷，成为祭祀典礼的主持人。

《象》曰：洊雷，震①；君子以恐惧修省②。

【注释】①洊雷，震：洊，再也，犹言"叠连"。此释《震》卦上下震均为雷之象。　②恐惧修省：这是说明"君子"观《震》卦之象，悟知应当恐惧"天威"，自我修省。

【译文】《象传》说：叠连轰响着巨雷，象征"雷声震动"；君子因此惶恐惊惧，自我修身省过。

初九，震来虩虩，后笑言哑哑，吉①。

【注释】①震来虩虩，后笑言哑哑，吉：此言初九当"震"之时，阳刚在下，慎守勿用，先能恐惧修省，后致"笑言哑哑"，故"吉"。

【译文】初九，雷动骤来而能惶恐畏惧，然后能慎行保福获笑语声声，吉祥。

《象》曰:"震来虩虩",恐致福也;"笑言哑哑",后有则也。

【译文】《象传》说:"雷动骤来而能惶恐畏惧",说明初九恐惧谨慎能导致福泽;"然后能慎行保福获笑语声声",说明初九惊惧之后行为就能遵循法则。

六二,震来,厉①;亿丧贝,跻于九陵②,勿逐,七日得③。

【注释】① 震来,厉:此言六二当"震"之时,以柔乘刚,故"震来"将有"危"。 ② 亿丧贝,跻于九陵:亿,犹言"大",作副词;贝,古代货币;跻,登也;九,为阳极之数,喻高,"九陵"犹言"峻高之陵"。这两句说明六二之"厉",将至大失财币;但此爻又禀"柔中"之德,虽遇危却能守中不躁,自避于"九陵"而不顾其"贝",如此则可无虞。 ③ 勿逐,七日得:七日,借取日序周期"七"象征转机迅速,犹言"过不了七日"。这两句紧承前文,说明六二既以"柔中"之德趋正自守,能不顾"丧贝"而"跻九陵"避之,则不用追寻失贝,"七日"即可复得;此亦《既济》六二《象传》所云"七日得,以中道也"之义。

【译文】六二,雷动骤来,有危险;大失货贝,应当跻登远避于峻高的九陵之上,不用追寻,过不了七日必将失而复得。

《象》曰:"震来厉",乘刚也。

【译文】《象传》说:"雷动骤来有危险",说明六二凌乘阳刚之上。

六三,震苏苏,震行无眚①。

【注释】① 震苏苏,震行无眚:苏苏,不安也;震行,犹言"震惧而行"。

此谓六三处"震"之时,居位不当,故"苏苏"不安;但无乘刚之失,故能因"震惧"而慎行,则无祸患。

【译文】六三,雷动之时惶惶不安,由于雷动而能警惧前行将不遭祸患。

《象》曰:"震苏苏",位不当也。

【译文】《象传》说:"雷动之时惶惶不安",说明六三居位不妥当。

九四,震遂泥①。

【注释】① 震遂泥:遂,"隧"之省文,"隧"即"坠"。此言九四阳刚失位,刚德不足,又陷于上下四阴之间,故当"震"之时惊惶失措,坠入泥泞不能自拔。

【译文】九四,雷动之时惊惶失措坠陷于泥泞中。

《象》曰:"震遂泥",未光也。

【译文】《象传》说:"雷动之时惊惶失措坠陷于泥泞中",说明九四的阳刚之德未能光大。

六五,震往来,厉①;亿无丧,有事②。

【注释】① 震往来,厉:此谓六五当"震"之时,阴柔居尊,上往则遇阴得敌,下行则乘刚有失,故"往来"皆"厉"。 ② 亿无丧,有事:亿,谓"大","亿无丧",犹言"万无一失";事,谓祭祀之事。这两句承前文而发,说明六五有"柔中"美德,能以危惧之心慎守中道,不冒然"往来",故万无一失,长保祭祀之事,即卦辞"不丧匕鬯"之义。

【译文】六五,雷动之时不论上下往来,都有危险;能够慎守中道就万无一失,可以长保祭祀盛事。

《象》曰:"震往来厉",危行也;其事在中,大无丧也。

【译文】《象传》说:"雷动之时不论上下往来都有危险",说明六五应当心存危惧谨慎前行;处事能够慎守中道,就可以万无一失。

上六,震索索,视矍矍,征凶①;震不于其躬,于其邻,无咎②;婚媾有言③。

【注释】① 震索索,视矍矍,征凶:索索,形容惧极而双足畏缩难行;矍,音jué,"矍矍",即双目旁顾不安之状。此谓上六以阴处"震"之极,惊恐至甚,无所安适,故双足"索索",两目"矍矍";以此而"征",必遭凶险。② 震不于其躬,于其邻,无咎:躬,自身。这是从正面诫勉的角度申发爻义,说明上六若能在雷威未震及自身,才及于近邻时,就预先戒备,及早"恐惧修省",则可"无咎"。 ③ 婚媾有言:有言,指言语争执、不相和合,与《需》九二"小有言"义略近。此句进一步指出,上六当极惧之时,必多疑虑,难与外物相合,故又戒其不可急于谋求阴阳应合,若必欲"婚媾",则难免"有言"。辞意主于此时不宜妄动,与前文"征凶"之戒互为发明。

【译文】上六,雷动之时恐慌得双足畏缩难行,两目惶顾不安,冒然进取必遭凶险;若能在雷动尚未震及自身,才及于近邻时就预先戒备,则不致咎害;但若谋求阴阳婚配将导致言语争端。

《象》曰:"震索索",中未得也①;虽凶无咎,畏邻戒也②。

【注释】① 中未得：犹言"未得中"也。　② 畏邻戒：《正义》："畏邻之动，惧而自戒，乃得无咎。"

【译文】《象传》说："雷动之时恐慌得双足畏缩难行"，说明上六未能居处适中的位置；尽管有凶险却无所咎害，是由于畏惧近邻所受的震惊而预先戒备。

【总论】《淮南子·人间训》载《尧戒》云："战战栗栗，日谨一日；人莫踬于山，而踬于垤。"这是用登山不至跌跤，而平地常使人栽倒为喻，说明凡事要警惕戒惧、敬慎小心；沈德潜称此戒为"大圣人忧勤惕厉语"（《古诗源》）。《震》卦取象于"雷动"威盛，正是揭明"震惧"可致"亨通"的道理。卦辞设拟两层相互见旨的譬喻：先言雷动奋起万物畏惧，于是慎行获福笑语声声；再言君主教令震惊百里，遂致万方警惧，社稷长保。《大象传》用"恐惧修省"四字，对全卦大义作了精要概括，揭出"惶恐惊惧"与"修身省过"之间的内在联系。卦中六爻分别喻示处"震"的不同情状：初九阳刚在下，知惧致福，六二因危守中、失"贝"复得，六三惶惶未安，慎行免祸，六五柔中"危行"，善保尊位，这四爻均见"惕惧修德"之功，故多吉无害；惟九四陷于阴中，惧而不能振奋，难以自拔；上六惧极有凶，但若因人之惧预先戒备，亦将"无咎"。显然，本卦的象征主旨是建立在"震惧"的基点上，然后谨慎前行，开拓"亨通"境界：此中寓涵着处"危"而后"安"的辩证哲理。马振彪论曰："人当颠沛造次之时，如履薄临深之可惧；国际风雨飘摇之会，有内忧外患之交乘：其危乃光，惩前毖后，必如此卦之爻象，始终戒惧乃可免祸而致福。"（《周易学说》）

艮卦第五十二

〔艮〕：艮其背①,不获其身②；行其庭,不见其人③,无咎。

【注释】①〔艮〕：艮其背：艮,卦名,上下卦均为艮(☶),象征"抑止"。② 不获其身：犹言"其身不得面向所止之处"。此谓"抑止"于背后,则被"止"者自身不至于面向当止之私欲,即"止得其所"之义。本句是直接申发前句"艮其背"的意旨。 ③ 行其庭,不见其人,无咎：这是紧承前文理趣,又进一步譬喻"止背"之道曰：犹如被"止"者行走在庭院里,也两两相背；则施"止"之时,互不见对方所止之邪恶。以此处"艮",则"抑止邪欲"之功必成,故"无咎"。

【译文】〔《艮》卦象征抑止〕：抑止于背后以避免被觉察,不让身体直接面向应当被抑止的私欲；譬如行走在庭院里也两两相背,互相不见对方被抑止的邪恶,必无咎害。

《彖》曰：艮,止也。时止则止,时行则行；动静不失其时,其道光明①。艮其止,止其所也②。上下敌应,不相与也③,是以"不获其身,行其庭,不见其人,无咎"也。

【注释】① 时止则止,时行则行；动静不失其时,其道光明：这四句紧承上文释卦名"艮"为"止"之义,进一步阐说"抑止"之道要适时而用,才能

"动静"得当,而"抑止"的道理便因之而"光明"。 ② 艮其止,止其所也:这两句释卦辞"艮其背"。首句谓"艮其止",则所"抑止"之处为"背";"背"为应当抑止之"所",故次句曰"止其所也"。 ③ 上下敌应,不相与也:敌应,犹言"敌对"。这两句以六爻关系再释卦名"艮"及卦辞"不获其身"以下四句。本卦上下对应爻均为同性相敌,故曰:"上下敌应,不相与";而六爻相敌对,不相亲与,正同"相背"而"抑止"之理,即卦辞"不获其身,行其庭,不见其人,无咎"之义。

【译文】《彖传》说:"艮",意思是抑止。其时应当抑止就抑止,应当前行就前行;或动或静适当而不违时,抑止的道理就光辉明灿。《艮》卦大义是象征抑止,这是说明抑止适得其所。卦中六爻上下相互敌对,不相交往亲与,所以就像不让身体面向当被抑止的私欲,譬如行走在庭院里也两两相背,互不见对方被抑止的邪恶,这样抑止就不致咎害。

《象》曰:兼山,艮①;君子以思不出其位②。

【注释】① 兼山,艮:兼,犹言"重",指两山重叠。此释《艮》卦上下艮均为山之象。 ② 思不出其位:位,本位,指本分所守之位。这是说明"君子"观《艮》象,悟知"抑止"邪欲之理,故所思虑均不敢逾越本位。

【译文】《象传》说:两座山重叠,象征"抑止";君子因此自我抑止内心邪欲、所思所虑不超越本位。

初六,艮其趾,无咎①,利永贞②。

【注释】① 艮其趾,无咎:初六居《艮》卦最下,有"趾"之象;其所施"止",犹如施于"足趾"将动之前,不使有失正道,故曰"无咎"。 ② 利永贞:此因初六阴柔弱质,故勉以"利永贞",犹言始终守正,则可常保"无咎"。

【译文】初六,抑止在脚趾迈出之前,必无咎害,利于永久守持正固。

《象》曰:"艮其趾",未失正也①。

【注释】① 未失正:《正义》:"行则有咎,止则不失其正,释所以利永贞。"

【译文】《象传》说:"抑止在脚趾迈出之前",说明初六未曾违失正道。

六二,艮其腓,不拯其随,其心不快①。

【注释】① 艮其腓,不拯其随,其心不快:腓,小腿肚;拯,通"承",举也,此处犹言"举步上承"。这三句说明六二以柔处《艮》下卦之中,外卦无应,本须上承九三之阳,但"其腓"被止,故曰"不拯其随";当行不得行,承阳之志难遂,故曰"其心不快"。

【译文】六二,抑止小腿的运动,未能举步上承本应随从的人,心中不得畅快。

《象》曰:"不拯其随",未退听也①。

【注释】① 未退听:听,听从。这句合上句"不拯其随",说明六二被强为抑止,进不能"拯其随",退不能听其止,遂生"不快"之情。

【译文】《象传》说:"六二未能举步上承本应随从的人",又无法退而听从抑止之命(因此心中不得畅快)。

九三,艮其限,列其夤,厉薰心①。

【注释】① 艮其限,列其夤,厉薰心:限,界也,句中指人体上下交界处，即"腰部"；列，通"裂"；夤，音 yín，夹脊肉也。这三句说明九三处《艮》上下卦之中，犹人体之"腰"；而腰动被止，脊肉断裂，故致"薰心"之危，其凶可知。

【译文】九三，抑止腰部的运动，以至断裂背夹脊肉（身体上下中分），危险像烈火一样薰灼其心。

《象》曰："艮其限"，危薰心也。

【译文】《象传》说："抑止腰部的运动"，说明九三的危险将像烈火一样薰灼其心。

六四，艮其身，无咎[1]。

【注释】[1] 艮其身，无咎：身，上身。这是说明六四居《艮》上卦，犹处人身上体，故有"艮其身"之象；以柔居柔，"止"得其所，遂获"无咎"。

【译文】六四，抑止上身不使妄动，必无咎害。

《象》曰："艮其身"，止诸躬也[1]。

【注释】[1] 止诸躬：此句犹言自我抑止。

【译文】《象传》说："抑止上身不使妄动"，说明六四能自我抑止安守本位。

六五，艮其辅，言有序，悔亡[1]。

【注释】[1] 艮其辅，言有序，悔亡：辅，上牙床，此处指"口"；序，条理。这三句说明六五柔居尊位，持中不偏，犹处"口"位；慎"止"其口而"言有序"，故"悔"必"亡"。

【译文】六五，抑止其口不使妄语，发言就有条理，悔恨消亡。

《象》曰："艮其辅"，以中正也。

【译文】《象传》说："抑止其口不使妄语"，说明六五能居中守正。

上九，敦艮，吉①。

【注释】① 敦艮，吉：上九处《艮》之终，为抑止至极之象，故虽阳刚而能敦厚；以此抑止邪欲，遂获吉祥。

【译文】上九，以敦厚的品德抑止邪欲，吉祥。

《象》曰："敦艮之吉"，以厚终也。

【译文】《象传》说："以敦厚的品德抑止邪欲而获吉祥"，说明上九能将厚重的素质保持至终。

【总论】《艮》卦取义于"止"，阐发"抑止"邪欲的道理。《礼记·乐记》云："奸声乱色，不留聪明；淫乐慝礼，不接心术；惰慢邪辟之气，不设于身体。"所谓"不留"、"不接"、"不设"，正与《艮》卦"抑止"之理相通。卦辞反复申言"艮其背"之旨，正是展示"止邪"的最佳方式是使人"隔绝邪欲"，强调"心不乱"而邪已止的功效。钱锺书引《红楼梦》"风月宝鉴，宜照反面"为喻，指出"反面一照"，"妄动"能"治"（《管锥编》），颇与卦旨妙契。卦中六爻所发的意义，又分别取象于人体各部位，从不同角度揭明"抑止"或得或失的情状。六二如"小腿"当行不得行，九三似"腰部"宜动不能动：并属施止不当之象；初六止于"趾"动之前，六四自止其"身"，六五慎止其"口"，上九敦厚于止：均为施止妥善之象。若深究卦理，还可以发现，"抑止"并非绝对强调"不行"。《彖传》"时止则止，时行则行"，已经道出"行"、"止"间的辩证关系；六五"止其辅"之后导致"言有序"，更是以"止"求"行"的明显象例。因此，本卦尽管主于"止"义，"止"的目的却在于保持正确的"行"，含有"行正"必先"止邪"的微旨。那么，《大象传》言"思不出其位"，无疑是把"抑止"作为"进取"的前提。

渐卦第五十三

　　☶☴　渐①：女归吉，利贞②。

　　【注释】① 渐：卦名，下艮(☶)上巽(☴)，象征"渐进"。　② 女归吉，利贞：归，女子出嫁之称。这是用古代女子出嫁须备礼渐进、利于守正为喻，说明物进宜渐之理。

　　【译文】《渐》卦象征渐进：譬如女子出嫁循礼渐行可获吉祥，利于守持正固。

　　《彖》曰：渐之进也①，女归吉也。进得位，往有功也；进以正，可以正邦也②。其位，刚得中也③；止而巽，动不穷也④。

　　【注释】① 渐之进：之，作动词，犹言"前行"。"渐之进"，即逐渐前行而进；这句既释卦名"渐"，又释卦辞"女归吉"之义。　② 进得位，往有功也；进以正，可以正邦也：这四句举九五爻为例。说明"渐进"而"得位"、"得正"，可以"建功"、"正邦"，释卦辞"利贞"之义。　③ 其位，刚得中也：《渐》卦二至五诸爻均居正得位，此句特明前文称"位"专指九五。　④ 止而巽，动不穷也：《渐》卦下艮为止，上巽和顺，犹如静止而和巽；以此而动，其进唯渐，故不致穷困。

　　【译文】《彖传》说：渐渐向前行进，譬如女子出嫁循礼渐行可获吉祥。此时渐进而获得显要地位,说明前往必能建树功勋;渐进又能遵循正道,就可以端正邦国民心。事物能够渐居尊位,往往由于阳刚强健又有中和美德;只要静止不躁而又谦逊和顺,这样逐渐行动就不致困穷。

《象》曰:山上有木,渐①;君子以居贤德善俗②。

【注释】① 山上有木,渐:释《渐》卦下艮为山,上巽为木之象。② 居贤德善俗:居,积也;善,作动词。这是说明"君子"观《渐》卦之象,悟知积德、善俗亦须渐进之理。

【译文】《象传》说:山上有树木(渐渐高大),象征"渐进";君子因此逐渐积累贤德、改善风俗。

初六,鸿渐于干①;小子厉,有言,无咎②。

【注释】① 鸿渐于干:鸿,水鸟名,即大雁;干,水涯。此句取鸿鸟渐飞之象为喻,说明初六处《渐》始,柔弱卑下,上无应援,所进尚浅,未得其安。② 小子厉,有言,无咎:有言,指受言语中伤。初六位卑未安,故又取"小子"有危厉,及受人言语中伤为喻;但渐进不躁,虽遭"厉"、"有言",终获"无咎"。

【译文】初六,大雁飞行渐进于水涯边(未获安宁);就像童稚小子遭逢危险,蒙受言语中伤,但能渐进不躁则免遭咎害。

《象》曰:"小子之厉",义无咎也。

【译文】《象传》说:"童稚小子所遭逢的危险",从初六渐进不躁的意义来看是没什么咎害。

六二,鸿渐于磐,饮食衎衎,吉①。

【注释】① 鸿渐于磐,饮食衎衎,吉:磐,磐石,喻安稳之所;衎,音kàn,"衎衎",和乐貌。这是说明六二"渐进"得位,柔中应五;犹如"鸿"飞至磐石上,安然得食,故获吉祥。

【译文】六二,大雁飞行渐进于磐石上,安享饮食和乐欢畅,吉祥。

《象》曰:"饮食衎衎",不素饱也①。

【注释】① 不素饱:素,谓白、空,"素饱"犹《诗经·魏风·伐檀》"素餐"之义。这句说明六二"饮食衎衎",是近承九三,远应九五,犹如臣事君上而获禄养,非"素餐"者。

【译文】《象传》说:"安享饮食和乐欢畅",说明六二尽心臣道而不是白白吃饭饱腹。

九三,鸿渐于陆,夫征不复,妇孕不育,凶①;利御寇②。

【注释】① 鸿渐于陆,夫征不复,妇孕不育,凶:陆,较平的山顶。这几句说明九三处《渐》艮上,有鸿飞渐至山顶之象;但与四非应相比,阴阳投合,乐而忘还,犹如"夫征不复",遂致其妇非夫得孕、无颜生育,故为凶兆。② 利御寇:这句是诫勉九三之辞,谓其若能慎用刚强,不为邪淫,则利于以刚御寇,可避"夫征不复,妇孕不育"之凶。

【译文】九三,大雁飞行渐进于小山,宛如夫君远征一去不还,妻子失贞得孕生育无颜,有凶险;(若能禀正用刚,则)利于抵御强寇。

《象》曰:"夫征不复",离群丑也①;"妇孕不育",失其道也;"利用御寇",顺相保也②。

【注释】① 离群丑:丑,类也,指初、二两阴。此句说明九三之"征",是远离其类。　② 顺相保:指九三不宜刚亢躁进,应当慎守正道,与其类和顺相保,则可免凶。

【译文】《象传》说:"夫君远征一去不还",说明九三远离其所匹配的群类;妻子失贞得孕生育无颜,说明违失夫妇相亲之道;"(若能禀正不邪,则)利于抵御强寇",说明九三应当守正使夫妇和顺相保。

六四,鸿渐于木,或得其桷,无咎①。

【注释】① 鸿渐于木,或得其桷,无咎:桷,音 jué,树木枝间的平柯。这三句说明六四居位柔正,上承五阳,渐进不躁,犹如鸿飞木杪,栖止平柯,故获"无咎"。

【译文】六四,大雁飞行渐进于高树,或能寻得平柯栖止稳当,不致咎害。

《象》曰:"或得其桷",顺以巽也。

【译文】《象传》说:"或能寻得平柯栖止稳当",说明六四温顺而又和巽。

九五,鸿渐于陵,妇三岁不孕;终莫之胜,吉①。

【注释】① 鸿渐于陵,妇三岁不孕,终莫之胜,吉:三岁,泛指多年。这几句说明九五居《渐》尊位,犹鸿飞陵上;又以阳刚中正,下应六二,虽三、四阻隔,乃至六二多年"不孕",但二五正应,终将会合,非外物所能侵阻取胜,故获吉祥。

【译文】九五,大雁飞行渐进于丘陵,(宛如夫君远出)妻子三年不怀身孕;(但夫妇必将会合)外物终究不能侵阻取胜,吉祥。

《象》曰:"终莫之胜吉",得所愿也。

【译文】《象传》说:"(夫妇必将会合)外物终究不能侵阻取胜,吉祥",说明九五得遂应合六二的愿望。

上九,鸿渐于陆,其羽可用为仪,吉①。

【注释】① 鸿渐于陆,其羽可用为仪,吉:陆,此处当指高山顶,比九三之"陆"为高,在"陵"之上。这三句说明上九"渐进"上位,远居卦极,不谋其功,高洁可法;犹鸿飞止于高山顶巅,其羽堪作仪饰,故为吉祥。

【译文】上九,大雁飞行渐进于高山,羽毛可作洁美的仪饰,吉祥。

《象》曰:"其羽可用为仪,吉",不可乱也。

【译文】《象传》说:"羽毛可作洁美的仪饰,吉祥",说明上九的高洁志向不可淆乱。

【总论】《渐》卦,顾名思义,是阐明事物发展过程中"循序渐进"的道理。《孟子·公孙丑上》有一则"揠苗助长"的寓言,赵岐注曰:"喻人之情,邀福者必有害;若欲急长苗,而反使之枯死也。"此义与"渐进"的哲学内涵正可对照。卦辞拟"女子出嫁"为象,意在"礼备"而后渐行,已见全卦大旨。六爻以鸿鸟飞行设喻,形象更为生动:沿初爻至上爻,鸿飞所历,为水涯、磐石、小山陆、山木、山陵、大山陆,由低渐高,由近渐远,秩然有序。各爻立义,均主于守正渐行,因此多"吉"、"无咎"之占。其中九三虽过刚有"凶",但也勉其慎行"渐"道,化害为利。可见,本卦自始至终嘉美"渐进"的道理,乃至上九"位"穷而"用"无穷,所谓积渐大成,"仪型万方","贲一切也"(《尚氏学》)。《礼记·学记》叙古代的教学程序,谓七年"小成"、九年"大成",又曰"大学"之教"不陵节而施之谓'孙'(按照顺序)"。显然,这种"教学理论"的创制者,是深知"学"宜循"渐"然后能成的规律。

归妹卦第五十四

☳ 归妹①：征凶,无攸利②。

【注释】① 归妹:卦名,下兑(☱)上震(☳),象征"嫁出少女"。② 征凶,无攸利:指卦中二至五爻均失位,三既不中正又以阴乘阳,故戒以"征凶,无攸利"。

【译文】《归妹》卦象征嫁出少女:要是行为不当往前进发必有凶险,无所利益。

《彖》曰:归妹,天地之大义也。天地不交,而万物不兴;归妹,人之终始也①。说以动,所归妹也②;"征凶",位不当也③;"无攸利",柔乘刚也④。

【注释】① 人之终始:指人类能终而复始地生息蕃衍。以上六句举"天地"、"万物"因阴阳交合而蕃生说明"归妹"的意义。 ② 说以动,所归妹也:说,即"悦",指下兑;动,指上震;所,犹言"可"。这两句以上下卦象有"悦而动"之义,释卦名"归妹",谓因悦而动正可嫁出少女。 ③ 位不当:释卦辞"征凶",指卦中二至五爻居位不当。 ④ 柔乘刚:释卦辞"无攸利",指卦中六三以阴乘阳。

【译文】《彖传》说:嫁出少女,这是体现天地阴阳的弘大意义。天阴地阳不相交,万物就不能繁殖兴旺;嫁出少女,人类就能终而复始地生息不止。由于欣悦而兴动,正可以嫁出少女;"往前进发必有凶险",说明居位不妥当;"无所利益",说明阴柔乘凌阳刚之上。

《象》曰:泽上有雷,归妹①;君子以永终知敝②。

【注释】① 泽上有雷,归妹:释《归妹》下兑为泽、上震为雷之象。② 君子以永终知敝:永,用如动词,犹言"永久保持"。这是说明"君子"观《归妹》之象,既明夫妇之道宜于"永终",又知当防止淫佚,不可敝坏此道。

【译文】《象传》说:大泽上响着震雷(欣悦而动),象征"嫁出少女";君子因此长久至终地保持夫妇之道并悟知不可淫佚而敝坏此道。

初九,归妹以娣,跛能履,征吉①。

【注释】① 归妹以娣,跛能履,征吉:娣,音 dì,古代以妹陪姊同嫁一夫,称妹曰"娣",犹言"侧室";跛能履,辞义与《履》六三同,此处喻"娣"以"侧室"助"正室"。这三句说明初九当"归妹"之时,最处下位,上无正应,犹随姊出嫁而为"娣";但有阳刚之贤,能以"偏"助"正",犹"跛能履",故"征"而获"吉"。

【译文】初九,嫁出少女作为侧室,宛如足跛而努力行走,往前进发可获吉祥。

《象》曰:"归妹以娣",以恒也①;跛能履,吉相承也②。

【注释】① 恒:常也。 ② 吉相承也:《周易集说》:"相承者,佐其嫡以相与奉承其夫也。"

【译文】《象传》说:"嫁出少女作为侧室",这是婚嫁的常道;宛如足跛而努力行走,说明初九的吉祥在于以偏助正相与奉承夫君。

九二,眇能视,利幽人之贞①。

【注释】① 眇能视,利幽人之贞:眇能视,辞义与《履》六三同,此处喻九二嫁夫不良,勉力相从;幽人,幽静安恬者。这两句说明九二当"归妹"之时,阳刚居中,有"女贤"之象;但上应六五阴柔不正,犹配不良,故以"眇能视"为譬,并谓"利幽人之贞"。

【译文】九二,眼盲而勉强瞻视,利于幽静安恬的人守持正固。

《象》曰:"利幽人之贞",未变常也。

【译文】《象传》说:"利于幽静安恬的人守持正固",说明九二未曾改变严守节操的恒常之道。

六三,归妹以须,反归以娣①。

【注释】① 归妹以须,反归以娣:这两句说明六三处下卦之极,失正乘阳,有欲求为"室主"(正室)之象,故在须待;但不得其位,不可冒进,宜回头俟时嫁为侧室。

【译文】六三,少女嫁出后引颈期盼成正室,应当反归待时,嫁作侧室。

《象》曰:"归妹以须",未当也。

【译文】《象传》说:"少女嫁出后引颈期盼成正室",说明六三的行为不妥当。

九四,归妹愆期,迟归有时①。

【注释】① 归妹愆期,迟归有时:愆,音 qiān,超过。这两句说明九四刚居柔位,下无其应,犹"贤女"延期未嫁,静待良配。

【译文】九四,嫁出少女超延佳期,迟迟未嫁静待时机。

《象》曰:愆期之志,有待而行也。

【译文】《象传》说:九四超延佳期的心志,在于静待时机而后行。

六五,帝乙归妹,其君之袂,不如其娣之袂良①;月几望,吉②。

【注释】① 帝乙归妹,其君之袂,不如其娣之袂良:帝乙归妹,喻六五尊高而下配;君,《正字通》"夫称妇曰'君'",此处指六五"嫁为正室";袂,衣袖,句中借代"衣饰"。这三句说明六五高居尊位,下应九二,犹帝乙嫁出少女;位贵下嫁,德尚谦逊,故虽为"正室",其"袂"俭朴,不如"侧室"美好。 ② 月几望,吉:几望,月将满圆,喻六五德盛不盈。这是别取一象,说明"归妹"之时,尊贵能谦、美盛不盈,必吉。

【译文】六五,帝乙嫁出少女,正室的衣饰,却不如侧室的衣饰美好;(品德适到好处,譬如)月亮接近圆满而不过盈,吉祥。

《象》曰:"帝乙归妹,不如其娣之袂良"也;其位在中,以贵行也。

【译文】《象传》说:"帝乙嫁出少女,其衣饰不如侧室的衣饰美好";说明六五位尊而守中不偏,虽高贵却能施行谦俭之道。

上六，女承筐，无实；士刲羊，无血。无攸利①。

【注释】① 女承筐，无实；士刲羊，无血。无攸利：实，句中指"筐"中之物；刲，音 kuī，割杀，犹言"屠"；"承筐"、"刲羊"，当指"夫妇祭祀"之事。这几句说明上六处《归妹》之终，位穷无所适，下又不应于六三，犹如女子承筐无实可盛，男子刲羊无血可取；既"无实"、"无血"，难以献享，则夫妇祭祀之礼未成，譬喻"妹"无所"归"，故"无攸利"。

【译文】上六，女子手奉竹筐，无物可盛；男子刀屠其羊，不见血腥：（夫妇祭祀之礼难成，）无所利益。

《象》曰：上六无实，承虚筐也。

【译文】《象传》说：上六阴爻中虚无实，正如手奉空虚的竹筐。

【总论】《归妹》以"嫁出少女"主一卦之义，说明"男婚女嫁"是人类蕃衍的根本因素。用《礼记》的话来说，就是："天地合，而后万物兴焉；夫昏礼，万世之始也。"（《郊特牲》）然而，卦辞却谓"归妹，征凶，无攸利"，其理何在？原来，作者是为所"归"之"妹"设置诫辞，即强调女子出嫁必须严守"正"道，以"柔顺"为本，成"内助"之功；反此而行，必为凶兆。可见，本卦一开始便反映着古代礼教对女子的"约束"性质。六爻所揭示的意义，正是围绕卦辞而发：初安分卑居"侧室"，二嫁夫不良"守贞"，四"愆期"待时而嫁，五"贵女"谦逊下嫁，此四爻虽地位不同，但均合"妇德"故无凶有吉，其中六五最为纯"吉"；至于三、上两爻，或有非分之念，或处穷高之所，故一"凶"，一"无攸利"。诚然，此卦大旨亦非拘限于"嫁出少女"一事；归根结底，还是阐发"天地阴阳"的"恒常不易"之道：申明"阴"以"阳"为归宿，则天地和合，万物繁殖。因此，《彖传》所谓："归妹，天地之大义也；天地不交，而万物不兴"，正是本卦义理的核心所在。

卷八

丰卦第五十五

☳☲ 丰①：亨，王假之②；勿忧，宜日中③。

【注释】① 丰：卦名，下离(☲)上震(☳)，象征"丰大"。 ② 亨，王假之：假，至也，犹言"达到"。这是说明物"丰"可以亨通；但致丰之道，必须有德者才能获得，故又以"王假之"为譬。 ③ 勿忧，宜日中：日中，太阳正中，喻保持丰德。

【译文】《丰》卦象征丰盈硕大：亨通，有德君王可以达到丰盈硕大的境界；不必忧虑，宜于像太阳位居中天一样保持充盈的光辉。

《彖》曰：丰，大也；明以动，故丰①。"王假之"，尚大也②；"勿忧，宜日中"，宜照天下也③。日中则昃④，月盈则食；天地盈虚，与时消息，而况于人乎？况于鬼神乎？

【注释】① 明以动，故丰：明，指下离；动，指上震。这是用上下象释卦名"丰"，谓以光明之德而动，必可致"丰"。 ② 尚大也：此释卦辞"王假之",说明王者致"丰",是崇尚宏大之德。 ③ 宜照天下也：此释卦辞"勿忧,宜日中"。 ④ 日中则昃：此句至终,广引天地、日月盛盈必亏的现象,发卦辞的言外之意,说明"丰"极必衰,不可过"中"。

【译文】《彖传》说："丰",意思是丰盈硕大；譬如道德光明而后施于行动,就能获丰盈硕大的成果。"有德君王可以达到丰盈硕大的境界",说明王者崇尚宏大的美德；"不必忧虑,宜于像太阳正居中天一样保持充盈的光辉",说明宜于让盛德之光遍照天下。太阳正居中天必将西斜,月亮圆满盈盛必将亏蚀；天地大自然有盈满有亏虚,都伴随一定的时候更替着消亡与生息,又何况人呢？何况鬼神呢？

《象》曰：雷电皆至,丰①；君子以折狱致刑②。

【注释】① 雷电皆至,丰：释《丰》卦上震为雷、下离为电（火）之象。② 折狱致刑：致刑,犹言"动用刑罚"。这是说明"君子"效法雷之威动以"折狱"、电之光明以"致刑",则刑狱之事不违情实。

【译文】《象传》说：雷声和电光一起到来,象征（威明之德）"丰盈硕大"；君子因此效法雷的威震和电的光明审理讼狱、动用刑罚。

初九,遇其配主,虽旬无咎,往有尚①。

【注释】① 遇其配主,虽旬无咎,往有尚：配主,相匹配之主,指九四；旬,均也,指初四均为阳爻。这三句说明初九当丰之时,下处离明而上趋震动,与所遇"配主"阳德均等,相互光大,故"无咎"而"往有尚"。

【译文】初九,遇合相匹配之主,尽管两者阳德均等也不致咎害,前往必受尊尚。

《象》曰:"虽旬无咎",过旬灾也①。

【注释】① 过旬灾也:过旬,即过均,犹言"不均等"。

【译文】《象传》说:"尽管两者阳德均等也不致咎害",说明初九和九四要是阳德不均等必致竞争而有灾患。

六二,丰其蔀,日中见斗,往得疑疾①;有孚发若,吉②。

【注释】① 丰其蔀,日中见斗,往得疑疾:蔀,音 bù,又音 pǒu,通"蔽",犹言"障蔽"。这三句说明六二当"丰"之时,以阴处阴,犹如丰大其障蔽以掩光明,又如日当中天却出现昏夜斗星;以此往见六五,必有被疑之患。 ② 有孚发若,吉:若,语气词。这是说明六二尽管不能自丰其光明之德,但因处中居正,若能发其诚信,必可摆脱昏暗,获得吉祥。

【译文】六二,丰大掩盖光明的障蔽,犹如太阳正当中天却出现斗星,往前必有被猜疑的疾患;若能自我发挥诚信,则可获吉祥。

《象》曰:"有孚发若",信以发志也①。

【注释】① 信以发志:发,同前句"发若"之"发",这里涵有"开拓"之意。

【译文】《象传》说:"自我发挥诚信",说明六二应当通过诚信来开拓丰大光明的志向。

九三,丰其沛,日中见沬①;折其右肱,无咎②。

【注释】① 丰其沛,日中见沬:沛,通"旆";沬,音 mèi,通"昧"。这两句说明九三与上六相应,上为阴爻,所趋阴暗,故犹如丰大其幡幔以遮光明,又如日当正午而出现暮夜小星。 ② 折其右肱,无咎:这是诫勉九三之辞,说明九三所趋既为阴暗,则不可施其大用,故以折断右臂为喻,犹言屈己慎守,可免其咎。

【译文】九三,丰大掩遮光明的幡幔,犹如太阳正当中天却出现小星;若能像折断右臂一样屈己慎守,则不致咎害。

《象》曰:"丰其沛",不可大事也;"折其右肱",终不可用也。

【译文】《象传》说:"丰大幡幔以遮掩光明",说明九三不可承担大事;"像折断其右臂一样屈己慎守",说明九三终究不可施展才用。

九四,丰其蔀,日中见斗①;遇其夷主,吉②。

【注释】① 丰其蔀,日中见斗:义见六二注。九四以阳居阴,故与六二阴爻之象相类。　② 遇其夷主,吉:夷,平也,与"均"义近,"夷主"指初九。

【译文】九四,丰大掩挡光明的障蔽,犹如太阳正当中天却出现斗星;但能遇合阳德相平衡之主,吉祥。

《象》曰:"丰其蔀",位不当也;"日中见斗",幽不明也;"遇其夷主",吉行也①。

【注释】① "遇其夷主",吉行也:《周易举正》谓"行"上脱"志"字,则这两句当作"遇其夷主吉,志行也",似可从。

【译文】《象传》说:"丰大掩挡光明的障蔽",说明九四居位不妥当;"犹如太阳正当中天却出现斗星",说明此时幽暗而不见光亮;"遇合阳德相平衡之主",说明九四可获吉祥宜于前行。

　　六五,来章,有庆誉,吉①。

　　【注释】① 来章,有庆誉,吉:这是说明六五以阴居《丰》尊位,体虽阴柔而实含阳刚因素,故能召致天下章美之才,以丰大光明之德,遂“有庆誉”而吉祥。

　　【译文】六五,召致天下章美之才以丰大光明,必获福庆和佳誉,吉祥。

　　《象》曰:六五之吉,有庆也。

　　【译文】《象传》说:六五的吉祥,说明必有福庆。

　　上六,丰其屋,蔀其家,窥其户,阒其无人,三岁不觌,凶①。

　　【注释】① 丰其屋,蔀其家,窥其户,阒其无人,三岁不觌,凶:窥,视也;阒,音 qù,寂静无声;觌,音 dí,见也。这几句说明上六以阴居《丰》之极,体柔昏暗,而“丰大其屋,障蔽其家”,有高处深藏之象;乃至“窥户无人”,三年不见其露面,犹如居“丰大”之世而自绝于人,故为凶兆。

　　【译文】上六,丰大房屋,障蔽居室,对着门户窥视,寂静毫无人踪,时过三年仍不见露面,如此深藏自蔽必有凶险。

　　《象》曰:“丰其屋”,天际翔也;“窥其户,阒其无人”,自藏也。

　　【译文】《象传》说:“丰大房屋”,说明上六居处穷高犹如飞翔在天际;“对着门户窥视,寂静毫无人踪”,说明上六自蔽深藏。

　　【总论】《丰》卦说明事物“丰大”的道理。卦辞称扬物丰可致亨通,并强调指出善处"丰"时的两项准则:一是必须道德盛美,故称有德"君王"可以致"丰";二是必须光明常照,故云太阳正中可以无忧。显然,本卦虽取名于"丰美硕大",却深诫:求丰不易,保丰更难。卦中六爻,分别表明处丰得失善否的情状:初九微阳处下,慎行求丰"有尚";六二阴处阴位,有蔽光明,须发挥"柔中"信德则可致丰获吉;九三居下离之终,过丰有损光明,当自折"右肱"才能"无咎";九四阳居阴位,虽丰却掩去光明,宜与阳刚在下的初九相遇相辅则吉;六五阴居尊位,内含刚美,又能召致六二以丰大光明盛德,最得"庆誉"并获吉祥;上六高居卦终,丰极柔暗,深藏自绝于人以致有凶。综观六爻大旨,凡处上下卦之极者,并为过丰损德之象,故三、上两爻虽阴阳有应,或不免"折肱",或终致凶险;凡在下守中者,均为谨慎修己以求丰保丰之象,故初、二、四、五诸爻虽阴阳不应,却多吉祥,而六五之吉尤为纯美。《折中》引熊良辅曰:"当丰大之时,以同德相辅为善,不取阴阳之应也。"但事物的发展规律,决定了任一"丰大"情态总是暂时、相对的,终究要趋向亏损。《象传》阐发《丰》卦的象外之旨曰:"日中则昃,月盈则食;天地盈虚,与时消息。"可见,作《易》者撰立此卦的宗旨,又在于警醒人们"丰"不忘丧,盈不忘亏,寓意颇为深切。

旅卦第五十六

䷷ 旅①：小亨②，旅贞吉③。

【注释】① 旅：卦名，下艮（☶）上离（☲），象征"行旅"。　② 小亨：小，指阴柔弱小者，又指行事小心谦顺；"小亨"与《睽》卦辞"小事吉"之义略近。此谓行旅之时，以柔小谦顺之道处之则亨，若刚大亢盛则难通。卦中六五柔中居尊，顺于刚、丽于明，正见"小亨"之象。　③ 旅贞吉：此言行旅虽小事，却也不应该苟且轻率，亦当守其正方可获吉。

【译文】《旅》卦象征行旅：谦柔小心可致亨通，行旅能守持正固必获吉祥。

《彖》曰："旅，小亨"，柔得中乎外而顺乎刚，止而丽乎明①，是以"小亨，旅贞吉"也。旅之时义大矣哉②！

【注释】① 柔得中乎外而顺乎刚，止而丽乎明：这是以六五爻及上下象释卦辞之义。六五以阴居外卦之中，故曰"柔得中乎外"；上承上九，故曰"顺乎刚"；下艮为止，上离为明，故曰"止而丽乎明"。　② 旅之时义大矣哉：这是《彖传》作者对本卦大义的叹美之辞。

【译文】《彖传》说："行旅，谦柔小心可致亨通"，譬如禀性谦柔的人外居适中之位而顺从刚强者，恬静安止又能附丽于光明，所以说"谦柔小心可致亨通，行旅能守持正固必获吉祥"。行旅之时的意义是多么宏大啊！

《象》曰：山上有火，旅①；君子以明慎用刑而不留狱②。

【注释】① 山上有火，旅：释《旅》卦下艮为山、上离为火之象。② 君子以明慎用刑而不留狱：这是说明"君子"观察山火为旅之象，悟知"用刑"宜"明慎"，狱事不可稽留。

【译文】《象传》说：山上燃烧着火，象征"行旅"；君子因此明决审慎地动用刑罚而不稽留讼狱。

初六，旅琐琐，斯其所取灾①。

【注释】① 旅琐琐，斯其所取灾：琐琐，猥琐卑贱之貌；斯，帛书《周易》作"此"，义同。这是说明初六以阴处《旅》之始，其位卑下，犹如行旅之初举动猥琐卑贱，虽有上应亦无济于事，故必自取其灾。

【译文】初六，行旅之初举动猥琐卑贱，这是自我招取灾患。

《象》曰："旅琐琐"，志穷灾也。

【译文】《象传》说："行旅之初举动猥琐卑贱"，说明初六意志穷迫，自取灾患。

六二，旅即次，怀其资，得童仆，贞①。

【注释】① 旅即次，怀其资，得童仆，贞：即，就也，犹言"就居"；次，舍也，此指"客舍"。这几句说明六二当"旅"之时，柔中居正，犹行旅安居客舍；上承九三之阳，犹畜资财；下乘初六，犹得童仆，故宜于守"贞"。

【译文】六二，行旅赁居在客舍，怀藏资财，拥有童仆，应当守持正固。

《象》曰："得童仆贞"，终无尤也。

【译文】《象传》说："拥有童仆应当守持正固"，说明六二终将无所过尤。

九三，旅焚其次，丧其童仆；贞厉①。

【注释】① 旅焚其次，丧其童仆；贞厉：这是说明九三刚亢不中，处旅躁动，下比六二之阴，犹如擅行施惠于下，必遭上者疑忌，而有"焚次"、"丧仆"之灾；以此处旅，有失"小亨"之道，故特戒其守"贞"防"厉"，即谓稍不慎将危及其身。

【译文】九三，行旅（刚亢躁动）被火烧毁客舍，丧失童仆；应当守持正固防备危险。

《象》曰："旅焚其次"，亦以伤矣；以旅与下，其义丧也。

【译文】《象传》说："行旅（刚亢躁动）被火烧毁客舍"，说明九三也因此遭受损伤；作为行旅的人而擅行施惠于下，其理必致丧亡。

九四，旅于处，得其资斧，我心不快①。

【注释】① 旅于处，得其资斧，我心不快：处，指暂为栖处，未能安居，与"次"异；资斧，当作"齐斧"，即"利斧"之意。这几句说明九四居位不正，犹行旅不得安居，唯暂为栖处，虽获利斧以斫除荆刺，但其心毕竟"不快"。

【译文】九四，行旅暂为栖处未能安适，获得利斧斫除荆棘，但我心中不甚畅快。

《象》曰："旅于处"，未得位也；"得其资斧"，心未快也。

【译文】《象传》说："行旅暂为栖处未能安适"，说明九四未能得居适当之位；"尽管获得利斧砍除荆棘"，但此时心中不甚畅快。

六五，射雉，一矢亡；终以誉命①。

【注释】① 射雉，一矢亡；终以誉命：这是说明六五当"旅"之时，处上离之中，上承上九阳刚，有"文明"柔顺而得中道之象；此时虽行旅在外，略有损失，但终能以"柔中"、"文明"之德导致吉祥，故以"射雉，一矢亡"为喻，并称终获"誉命"。

【译文】六五，射取野鸡，一支箭亡失；(尽管微有损失但)终将获得美誉、爵命。

《象》曰："终以誉命"，上逮也①。

【注释】① 上逮：逮，及也。此言六五上承上九，故有"誉命"。

【译文】《象传》说："终将获得美誉、爵命"，说明六五能向上承及尊者。

上九，鸟焚其巢，旅人先笑，后号咷①；丧牛于易，凶②。

【注释】① 鸟焚其巢，旅人先笑，后号咷：这三句说明上九身当行旅，以阳刚处高亢之位，必遭祸害，故以巢焚为喻；又谓"旅人"先得高位而

"笑",后因灾凶"号咷",亦亢极致祸之义。　②丧牛于易,凶:易,通"埸",即田畔,此指荒远的田畔,喻上九居穷极之地。这是又取一象,说明上九当旅穷之时,遭祸于外,犹丧牛于荒远田畔,无人援救,即《象传》所谓"终莫之闻也",故"凶"。

【译文】上九,高枝上鸟巢被焚烧,行旅人先得高位欣喜欢笑,后遭祸殃痛哭号咷;就像在荒远的田畔丧失了牛,有凶险。

《象》曰:以旅在上,其义焚也;丧牛于易,终莫之闻也。

【译文】《象传》说:作为行旅人却高居上位,其理必致焚巢之灾;在荒远的田畔丧失了牛,说明上九羁旅遭祸终将无人闻知。

【总论】《旅》卦专明"行旅"之理。《杂卦传》曰"旅,亲寡",《序卦传》曰"旅而无所容";张衡《思玄赋》云"颙羁旅而无友兮,余安能留乎此":显然,在古人心目中,"羁旅"生涯是充满孤独、愁郁情调的。《周易》作者设此一卦,似乎也正是基于"旅"而难"居"的因素,喻人善处"行旅"之道。卦辞所谓"小亨"、"贞吉",表明"行旅"既须守正,又当以柔顺持中为本。视其六爻,凡阴柔中顺皆吉,但以卑屈者设反面之戒;凡阳刚高亢皆危,而以穷骄者最呈凶象。范仲淹曰:"夫旅人之志,卑则自辱,高则见嫉;能执其中,可谓智矣。是故初'琐琐'而四'不快'者,以其处二体之下,卑以自辱者也;三'焚次'而上'焚巢'者,以其据二体之上,高而见嫉者也;二'怀资'而五'誉命',柔而不失其中者也。"(《范文正公集》)此说从六爻位次析其吉凶,颇见理致。当然,本卦大旨并非拘于狭义的"行旅",略推之,所谓"诸侯之寄寓,大夫之去乱,圣贤之周游皆是"(梁寅《周易参义》);广言之,李白称:"天地者,万物之逆旅"(《春夜宴桃李园序》),则将人生、万物均视为"行旅"之事,此中含有明显的消极思想,但与《旅》卦的"象外之旨"亦略有可通之处。《彖传》极言"旅之时义大矣哉",于上述之例似能见其一斑。

巽卦第五十七

䷸　巽①：小亨②，利有攸往③，利见大人④。

【注释】 ① 巽：音 xùn，卦名，上下卦皆为巽（☴），象征"顺从"。
② 小亨：小，指阴柔弱小者，又指行事小心谦顺；"小亨"与《旅》卦辞义略
同。此谓处"巽"之道主于阴顺阳、臣顺君，以柔小逊顺则亨，若刚大逆上
则难通。卦中二阴处二体之下，主于"顺从"阳刚，正见"小亨"之象。
③ 利有攸往：谓此时谦柔顺从必利于有所行。卦中初、四柔行遇阳得通，
即见"利往"之象。　④ 利见大人：此谓下顺上、臣顺君的最终目的，是利
于"大人君主"申命施治。卦中九五阳刚居尊，上下顺从，正为"大人"
之象。

【译文】《巽》卦象征顺从：谦柔小心可致亨通，利于有所前
往，利于出现大人。

《彖》曰：重巽以申命①。刚巽乎中正而志行②，柔皆
顺乎刚③，是以"小亨，利有攸往，利见大人"。

【注释】 ① 重巽以申命：重巽，上下卦皆"巽"，犹言"上下顺从"。此以
上下象释卦名"巽"，谓其义主于上下顺从，而此时正宜于尊者申饬命令。
② 刚巽乎中正而志行：刚，指九五；巽，此当作被动词解，"巽乎中正"犹言
"以中正之德被顺从"。此句说明九五居尊而阳刚中正，众爻皆巽顺，遂行

其"申命"之志。　③柔皆顺乎刚：柔，指初、四两爻。这句与前句并释卦辞"小亨,利有攸往,利见大人"之义；此言卦中两阴爻均顺承阳爻,故可"小亨"。

【译文】《彖传》说：上下顺从可以申谕命令。譬如阳刚尊者以中正美德被人顺从而其志得以施行,阴柔者都能谦顺上承阳刚,所以说"谦柔小心可致亨通,利于有所前往,利于出现大人"。

《象》曰：随风,巽①；君子以申命行事②。

【注释】① 随风,巽：随,连继相随之意。此释《巽》卦上下巽皆为风之象。　② 申命行事：行事,犹言"施行政事"。这是说明"君子"效法"风行"之象,"申命"于众,"行事"于天下。

【译文】《象传》说：和风连连相随,象征"顺从"；君子因此(效法风行天下无所不顺之象),申谕命令,施行政事。

初六,进退,利武人之贞①。

【注释】① 进退,利武人之贞：进退,即"进退犹疑"之意。这两句说明初六以阴居《巽》之始,卑顺太甚,当进不进,故勉以"利武人之贞"。

【译文】初六,卑顺过甚进退犹豫,利于勇武的人守持正固。

《象》曰："进退",志疑也；"利武人之贞",志治也①。

【注释】① 志治：治,修立、修治之意。

【译文】《象传》说：初六爻辞"卑顺过甚进退犹豫",是说其意志懦弱疑惧；"利于勇武之人守持正固",是勉励其修治和树立坚强的意志。

九二,巽在床下①,用史、巫纷若吉,无咎②。

【注释】① 巽在床下:说明九二当"巽"之时,阳居阴位,有过卑之嫌,故以屈居"床下"为喻。 ② 用史、巫纷若吉,无咎:用,犹言"施用于",此处含"效法"之意;史、巫,古代事神者"祝史"、"巫觋"的合称;纷若,盛多,"若"为语气词。这两句诫告九二不可以卑顺屈事于威势,勉其守持中道,效法"史巫"以卑恭事神则可获纷多之吉,不致咎害。

【译文】九二,顺从卑居在床下,若能效法祝史、巫觋以谦卑奉事神祇可以大获吉祥,必无咎害。

《象》曰:"纷若之吉",得中也。

【译文】《象传》说:"可以大获吉祥",是因为九二能够守中不偏。

九三,频巽,吝①。

【注释】① 频巽,吝:频,即"颦",颦蹙忧郁之意。这两句说明九三居《巽》下卦之终,而上为四阴所乘,压抑颦蹙志穷委屈而顺从,故有"吝"。

【译文】九三,忧郁不乐勉强顺从,将有憾惜。

《象》曰:"频巽之吝",志穷也。

【译文】《象传》说:"忧郁不乐勉强顺从,将有憾惜",是因为九三心志困穷不振。

六四,悔亡,田获三品①。

【注释】① 悔亡,田获三品:三品,犹言"三类",此处指古代贵族田猎所获之物的三种效用,即供"干豆"(将猎获物晒成干肉置于豆器供祭祀)、

"宾客"、"充庖"三用。这两句说明六四因乘刚而有"悔",但以阴居阴,得位且顺承九五之阳,故"悔亡";以此奉行君命,必能除暴建功,获益至大,故以"田获三品"为喻。

【译文】六四,悔恨消亡,田猎获取(可供祭祀、接待宾客、国君庖厨之用的)三类物品。

《象》曰:"田获三品",有功也。

【译文】《象传》说:"田猎获取可供祭祀、接待宾客、国君庖厨之用的三类物品",说明六四奉行君命获得功勋。

九五,贞吉,悔亡,无不利①;无初有终②;先庚三日,后庚三日,吉③。

【注释】① 贞吉,悔亡,无不利:此言九五当"巽"之时,以阳居阳,似有不甚"谦逊"之"悔";但以中正之德,为申命之君,故"悔亡"而"吉"、"利"。② 无初有终:此谓九五以刚直申命,初未能服众,但终能以正胜邪,其令畅行。 ③ 先庚三日,后庚三日,吉:庚,"天干"数中居第七位,在"己"之后,为"过中"之数,故古人取以象征"变更",此处作为"更布新令"之象。这两句以"先庚三日"发布新令,"后庚三日"实行新令为喻,正是紧承"无初有终"之意,进一步说明九五"申命"当慎守"中"道,渐行其事,才能深入人心,上下顺从,并获"吉祥"。

【译文】九五,守持正固可获吉祥,悔恨消亡,无所不利;申谕命令起初不甚顺利,但最终必能畅行;预先在象征"变更"的"庚"日前三天发布新令,而在"庚"日后三天实行新令,这样上下顺从必获吉祥。

《象》曰:九五之吉,位正中也。

【译文】《象传》说:九五吉祥之象,是因为它居位端正而守持中道。

上九,巽在床下,丧其资斧;贞凶①。

【注释】① 巽在床下,丧其资斧;贞凶:资斧,当作"齐斧",即"利斧"之意,《汉书·王莽传》引此爻正作"丧其齐斧"。这三句说明上九处《巽》之极,以阳刚之质而顺从过甚,有"巽在床下"之象,又如丧其"利斧"而失刚断之性,颇有凶险,故诫其守"贞"防"凶"。

【译文】上九,顺从至极屈居在床下,犹如丧失了刚坚的利斧;守持正固以防凶险。

《象》曰:"巽在床下",上穷也;"丧其资斧",正乎凶也①。

【注释】① 正乎凶:犹言"正于凶",即守"正"避"凶"之义。

【译文】《象传》说:"顺从至极屈居在床下",说明上九居于极端穷困之位;"犹如丧失了刚坚的利斧",说明上九应当守持阳刚之正以防凶险。

【总论】《巽》卦之义,主于"顺从"。况诸阴阳之理,为阴顺阳;譬于君臣之道,则臣顺君。卦辞一方面表明此时柔小谦顺者可致亨通、利有所往,另一方面指出上下巽顺的最终归宿是利于"大人"施治申命。但卦中诸爻所明"顺从"的内在意义,却并非一味强调无条件的盲从卑顺,而往往是以"刚健"之德为勉。如初六勉以"武人之贞",六四嘉以"田获"之功:两爻均须柔而能刚则美;九三以刚屈柔而生"吝",上九以阳顺极而有"凶":两爻均因丧失刚德致危。至于二、五之吉,前者以刚中之道顺事神祇,不屈于威势;后者以中正之德申命行事,居一卦之尊。可见,六爻关于"顺从"的义理,无论是下顺乎上,还是上被下顺,均不离两项原则:(一)"巽"之道在持正不阿;(二)"巽"之时在有所作为。因此,所谓"顺从",当本于阳刚气质,与"屈从"之义格格不入。郭雍云:"'巽'之为道,岂柔弱畏懦之义哉?"(《郭氏传家易说》)正明此理。然而,若就《周易》所蕴含的政治思想而言,阴顺阳,臣顺君,又是直接为"君子"、"大人"申谕政令、行使权力服务的。《彖传》谓"重巽以申命",《系辞下传》谓"巽以行权",并可揭示作者设立此卦的一项重要宗旨。

兑卦第五十八

☱　兑①：亨,利贞②。

【注释】① 兑：音 duì,卦名,上下卦皆兑(☱),象征"欣悦"。　② 亨,利贞：此谓事物"欣悦"之时,必可"亨通"畅达；但不能"悦"于为邪,故诫以"利贞"。

【译文】《兑》卦象征欣悦：亨通,利于守持正固。

《彖》曰：兑,说也。刚中而柔外,说以利贞①。是以顺乎天而应乎人②。说以先民,民忘其劳；说以犯难,民忘其死③：说之大,民劝矣哉④!

【注释】① 刚中而柔外,说以利贞：刚中,指九二、九五阳刚居中；柔外,指六三、上六阴柔处外。此以卦中二、五、三、上诸爻之象释卦辞"亨,利贞",说明柔悦不失内刚,刚正不失外悦,内外刚柔兼济,不谄媚、不暴戾,遂见处"悦"而能亨通、守正之旨。　② 是以顺乎天而应乎人：此句广明"欣悦"的意义应合"天"之道与"人"之情；在文章结构中又有承上启下的作用。　③ 说以先民,民忘其劳；说以犯难,民忘其死：这四句进一步发挥"欣悦"之道,说明"君子大人"若能欣然身先百姓以任劳、犯难,则百姓亦必欣然"忘劳"、"忘死"。　④ 说之大,民劝矣哉：劝,勉也,此为"自我勉励"之意。这两句归结前文,极称"欣悦"的义理宏大。

【译文】《彖传》说:"兑",意思是欣悦。譬如阳刚居中心怀诚信而柔和处外逊顺接物,就能导致物情欣悦并利于守持正固。因此正确的"欣悦"是既顺符天的道理而又应合人情。君子大人欣悦于身先百姓不辞劳苦,百姓也必然能任劳忘苦;欣悦于趋赴危难不避艰险,百姓也必然能舍生忘死:欣悦的意义是那样宏大,可以使百姓自我勉励啊!

《象》曰:丽泽,兑①;君子以朋友讲习②。

【注释】① 丽泽,兑:丽,谓并连。此释《兑》卦上下兑均为泽之象。② 君子以朋友讲习:讲习,指"学问"之道,即讲其所未明、习其所未熟。这是说明"君子"效法《兑》卦两泽相连互悦之象,乐于"朋友"相互"讲习"。

【译文】《象传》说:两泽并连(交相浸润),象征"欣悦";君子因此欣悦于良朋益友相互讲解道理、研习学业。

初九,和兑,吉①。

【注释】① 和兑,吉:这是说明初九当"悦"之时,以阳居下,不系应于四,有广泛"和悦"待人之象;且以刚健为质,行为不邪,人所不疑,故"吉"。

【译文】初九,平和欣悦以待人,吉祥。

《象》曰:和兑之吉,行未疑也。

【译文】《象传》说:平和欣悦以待人的吉祥,说明初九行为端正而不为人所疑忌。

九二,孚兑,吉,悔亡①。

【注释】① 孚兑,吉,悔亡:此言九二当"悦"之时,以阳居阴,虽有"失位"之"悔",但刚中有信,能孚诚欣悦待人,故"吉"而"悔亡"。

【译文】九二,诚信欣悦以待人,吉祥,悔恨消亡。

《象》曰:"孚兑之吉",信志也①。

【注释】① 信志:犹言"其志信",即"心存诚信"。

【译文】《象传》说:"诚信欣悦以待人而获吉祥",说明九二志存信实。

六三,来兑,凶①。

【注释】① 来兑,凶:来,犹言"来求"。此谓六三居下兑之终,处位不正,与上无应,而来求合二、初两阳,以谋欣悦;以此处"兑",为邪佞之象,故"凶"。

【译文】六三,前来谋求欣悦,有凶险。

《象》曰:"来兑之凶",位不当也。

【译文】《象传》说:"前来谋求欣悦而逢凶险",说明六三居位不正当。

九四,商兑未宁,介疾有喜①。

【注释】① 商兑未宁,介疾有喜:商,商度思量;介,隔绝;疾,喻指六三谄邪之患。这两句说明九四阳刚失正,下比六三之佞,上承九五之尊,故商度其"悦",中心未宁;若能隔绝六三之"疾",介然严守其正,则有喜庆。

【译文】九四,商度思量所欣悦之事而心中未曾宁静,能绝除谄佞者的邪疾则有喜庆。

《象》曰：九四之喜，有庆也。

【译文】《象传》说：九四的喜兆，是因为有值得庆贺之象。

九五，孚于剥，有厉①。

【注释】① 孚于剥，有厉：剥，消剥，即"小人道长，君子道消"之义，此喻上六为剥君子之小人。这两句说明九五虽阳刚中正，却比近上六之阴，为其引诱，而孚信小人，并与相悦，故"有厉"。

【译文】九五，施诚信于消剥阳刚的阴柔小人（被其引诱而相悦），有危险。

《象》曰：孚于剥，位正当也①！

【注释】① 位正当：这是以"正当"之位责备九五不该"孚于剥"。

【译文】《象传》说：（九五竟然）"施诚信于消剥阳刚的阴柔小人（被其引诱而相悦）"，只可惜它所居的正当之位啊！

上六，引兑①。

【注释】① 引兑：引，引诱。此谓上六以阴居《兑》卦之终，为一卦欣悦之主，悦极不能自己，故有引诱五、四两阳以相悦之象。

【译文】上六，引诱他人相与欣悦。

《象》曰：上六"引兑"，未光也。

【译文】《象传》说：上六"引诱他人相与欣悦"，说明欣悦之道未能光大。

【总论】"欣悦"，是人情所常有的事态：轻歌悦耳，美景悦目，无不如是。但《兑》卦所明"欣悦"之道,则强调以"刚中柔外"为悦,即刚为柔本、悦不失正。卦辞既称物情欣悦可致亨通,又云欣悦应当守持正固,正是揭明此旨。卦中六爻,两阴均以柔媚取悦,为被否定之象;四阳情状不一:初刚正和悦,最吉;二诚信而悦,"悔亡"亦吉;四商度抉择其悦,"有喜";五居尊位而悦信于小人,则深戒以"危厉"。纵观全卦大旨,无非说明:阳刚不牵于阴柔,禀持正德,决绝邪谄,才能成"欣悦"之至美;反之,偏离正德,曲为欣悦,则不论是取悦于人,还是因人而悦,均将导致凶咎。可见《周易》所肯定的"欣悦",是立足于鲜明的道德准则之上,张耒《出山诗》曰:"青山如君子,悦我非姿媚",似与此理有合;而《孟子·告子上》:"理义之悦我心,犹刍豢之悦我口",则尤与本卦"欣悦"之义映照成趣。

涣卦第五十九

䷺　涣①：亨，王假有庙，利涉大川，利贞②。

【注释】① 涣：卦名，下坎(☵)上巽(☴)，象征"涣散"。　② 亨，王假有庙，利涉大川，利贞：假，犹言"感格"。此谓事物当"涣"之时，形态虽散，神质须聚，散、聚相依为用，必致亨通，故以"王假有庙"喻聚合神灵之祐，以"利涉大川"喻聚合人力而济难，并以"利贞"揭明此时行为须"正"。

【译文】《涣》卦象征涣散：亨通，君王以美德感召神灵而保有庙祭，利于涉越大河巨流，利于守持正固。

《彖》曰："涣，亨"，刚来而不穷，柔得位乎外而上同①。"王假有庙"，王乃在中也②；"利涉大川"，乘木有功也③。

【注释】① 刚来而不穷，柔得位乎外而上同：刚，指九二；柔，指六四。这是用九二阳刚来居下卦与初、三、四诸阴交往不穷，以及六四当位居上卦，承五、上两阳而心志协同，说明阴阳散而能聚，释卦辞"涣，亨"之义。② 王乃在中：此释卦辞"王假有庙"，喻九五位居正中，以至诚感格神灵，为聚散之主。　③ 乘木有功：此释卦辞"利涉大川"，谓上卦巽有"木"象，下卦坎为水，如舟行水上，以喻聚合人力济险。

【译文】《彖传》说:"涣散,亨通",譬如阳刚者前来居阴柔之中而不穷困,阴柔者获得正位于外而上与阳刚之志协同(于是阴阳虽散而心神聚通)。"君王以美德感召神灵而保有庙祭",说明君王聚合人心居处正中;"利于涉越大河巨流",说明乘着木舟协力涉险必能成功。

《象》曰:风行水上,"涣"①;先王以享于帝立庙②。

【注释】① 风行水上,"涣":释《涣》卦上巽为风、下坎为水之象。② 先王以享于帝立庙:这是说明"先王"观"风行水上"之象,悟知"散中有聚"之理,故"享帝"、"立庙"以归系天下人心。

【译文】《象传》说:风行水面,象征"涣散";先代君王因此通过祭享天帝、建立宗庙,以归系人心。

初六,用拯马壮吉①。

【注释】① 用拯马壮吉:拯,拯济。此言初六以阴居《涣》之初,上承九二,犹得壮马之助,济其阴柔弱质;以此拯"涣",不致离散,故可获"吉"。

【译文】初六,借助健壮的良马勉力拯济可获吉祥。

《象》曰:初六之吉,顺也。

【译文】《象传》说:初六的吉祥,是由于顺承九二。

九二,涣奔其机,悔亡①。

【注释】① 涣奔其机,悔亡:机,通"几",即"几案",喻初六。

【译文】九二,涣散之时奔就几案似的可供凭依的处所,悔恨消亡。

《象》曰:"涣奔其机",得愿也①。

【注释】① 得愿:指二得初。阴阳相合,散而能聚,故"得愿"。

【译文】《象传》说:"涣散之时奔就几案似的可供凭依的处所",说明九二得遂阴阳聚合的愿望。

六三,涣其躬,无悔①。

【注释】① 涣其躬,无悔:这是说明六三当"涣"之时,居下卦之终,与上九相应,有涣散其身,附从上九,而无所悔恨之象。

【译文】六三,涣散自身(附从阳刚尊者),无所悔恨。

《象》曰:"涣其躬",志在外也。

【译文】《象传》说:"涣散自身(附从阳刚尊者)",说明六三的意志在于向外发展。

六四,涣其群,元吉①;涣有丘,匪夷所思②。

【注释】① 涣其群,元吉:群,犹言"朋党"。此言六四得位承五,下无应而无私,故有散其朋党之象,并获"元吉"。 ② 涣有丘,匪夷所思:丘,山丘,喻"大"。这两句紧承前文,说明六四既能散其"朋党",又能化小群以聚成大群,成"混一天下"之功,此非平常人所能思及。

【译文】六四,涣散朋党,至为吉祥;涣散小群聚成山丘似的大群,这不是平常人思虑所能达到的。

《象》曰:"涣其群元吉",光大也。

【译文】《象传》说:"涣散朋党至为吉祥",说明六四的品德光明正大。

九五,涣汗其大号,涣王居,无咎①。

【注释】① 涣汗其大号,涣王居,无咎:这三句说明九五尊居"君位",阳刚中正,处"涣"之时,所发号令当如"发汗"一样出而不反;又须散发居积,收聚"民心",则可"无咎"。

【译文】九五,像发散身上汗水(出而不反)一样发布盛大的号令,又能疏散王者的居积以聚合天下人心,必无咎害。

《象》曰:"王居无咎",正位也①。

【注释】① 王居无咎,正位也:按《象传》句读当训"居"为"居处",爻辞当读作"涣,王居无咎",旧说多与《象传》之意合。

【译文】《象传》说:"疏散王者的居积必无咎害",说明九五正居"君主"尊位。

上九,涣其血去逖出,无咎①。

【注释】① 涣其血去逖出,无咎:血,通"恤",犹言"忧恤";逖,通"惕",即"惕惧"。此谓上九居《涣》之极,散极然后四方聚合,出现天下"归于一统,非复前日之离散"的景象,故能离"忧"出"惕",无所咎害。案,本爻"血去逖出",当与《小畜》六四"血去惕出"同,《本义》谓"'逖'当作'惕'",今查帛书《周易》作"湯",正取"惕"音,于通假之例合。

【译文】上九,涣散(至极而四方聚合),于是离去忧恤脱出惕惧,无所咎害。

《象》曰:涣其血,远害也。

【译文】《象传》说:涣散至极四方聚合遂能离去忧恤,说明上九已经远脱出离散的咎害。

【总论】《涣》卦所谓"涣散",并非立义于"散乱",而是兼从对立的角度揭示"散"与"聚"互为依存的关系。卦辞以"君王"祭庙喻聚合"神灵"之祐,以涉越大河喻聚合人心济难,说明事物形态虽散而神质能聚必致亨通,并强调此时行事利于守正。卦中六爻虽然均处"涣散"之时,但阴阳刚柔相比、相应,已流露出"聚"的气象。如初六阴柔在下,九二阳刚处中,时当"涣散"而两心系联,故前者如获"良马"拯助而致"吉",后者似得"几案"凭依而"悔亡";三、上两爻刚柔交应,或散其自身附从尊者而"无悔",或散极见聚而"无咎"。四、五两爻的情状则更为典型,六四上承九五,有散小群、聚大群的美质;九五阳刚"尊主",有散居积、聚民心的"盛德":因此四得"元吉",五获"无咎"。可见,本卦所明处"涣"之道,是立足于散而不乱、散而能聚的基点上;从哲学意义看,即是展示事物"散"、"聚"既对立又统一的特定规律。马振彪谓:"涣者其形迹,不涣者其精神。"(《周易学说》)实为本卦义理的内蕴所在。至于卦象"风行水上"所显露的"自然成文"的美学意蕴,则是本卦的又一特色。马振彪援据苏洵、姚鼐借卦论文之说,指出"'风行水上'有自然之妙境",故可"推论文章之妙"(《周易学说》)。这种推论引申,正与"形散神聚"、"涣然有文"的卦义相契合。因此,《涣》卦所蕴含的美学因素,也是值得注意的一项内容。

节 卦 第 六 十

☵☱ 节①：亨②；苦节不可，贞③。

【注释】① 节：卦名，下兑(☱)上坎(☵)，象征"节制"。　② 亨：此明凡事能适当节制，可致亨通。　③ 苦节不可，贞：这是从正反两面见义，先言节制过苦则有伤事理，故"不可"；又言"节制"应当持"正"，则其道可通，故曰"贞"。

【译文】《节》卦象征节制：亨通；但不可以过分节制，应当守持正固。

《彖》曰："节，亨"，刚柔分而刚得中①。"苦节不可，贞"，其道穷也②。说以行险，当位以节，中正以通③。天地节而四时成；节以制度，不伤财不害民。

【注释】① 刚柔分而刚得中：刚，指上坎为阳卦；柔，指下兑为阴卦；刚得中，指九二、九五。此以上下卦象及二、五爻象释卦名及卦辞"节，亨"之义。　② 其道穷也：此以上六穷极于上之象，释卦辞"苦节不可，贞"。　③ 说以行险，当位以节，中正以通：说，即"悦"，指下兑为"悦"；险，指上坎为险；当位，指四、五两爻阴阳得位；中正，谓五。此又举上下象及四、五爻象，进一步申明"节制"必须不违"悦"、适当而不过"中"之理。

【译文】《象传》说："节制，亨通"，乃是由于刚柔上下区分而阳刚获得中道(主持节制)。"但不可以过分节制而感到苦涩,应当守持正固"(乃是由于不如此),节制之道必至困穷。物情欣悦就勇于蹈艰赴险,居位妥当就能自觉有所节制,处中守正而行事必将畅通。天地自然正是有所节制而一年四季才能形成;君主以典章制度为节制,就能不浪费资财、不残害百姓。

《象》曰:泽上有水,节①;君子以制数度,议德行②。

【注释】① 泽上有水,节:释《节》卦下兑为泽、上坎为水之象。② 制数度,议德行:数度,犹言"礼数法度";议,评议、商度。这是说明"君子"效法《节》象,制定礼法作为"节制"的准则,又评议人的德行优劣以期任用得宜。

【译文】《象传》说:大泽上有水(筑堤为防),象征"节制";君子因此制定礼数法度以为准则,详议道德行为任用得宜。

初九,不出户庭,无咎①。

【注释】① 不出户庭,无咎:户庭,户外庭院。此言初九居《节》之始,上应六四;但前路九二阻塞,故节制慎守,遂以"不出户庭"免"咎"。

【译文】初九,(节制慎守)不跨出户庭,必无咎害。

《象》曰:"不出户庭",知通塞也。

【译文】《象传》说:"(节制慎守)不跨出户庭",说明初九深知路途畅通则行、阻塞则止的道理。

九二,不出门庭,凶①。

【注释】① 不出门庭,凶:门庭,门内庭院。此谓九二阳居阴位,拘于节制,当二阴待于前、路途畅通之际,仍怀失正无应之忧而"不出门庭",故有凶险。

【译文】九二,(拘于节制)不跨出门庭,有凶险。

《象》曰:"不出门庭凶",失时极也①。

【注释】① 失时极:极,中也。失时极,即失时之中也。

【译文】《象传》说:"(拘于节制)不跨出门庭而有凶险",说明九二丧失了适中的时机。

六三,不节若,则嗟若,无咎①。

【注释】① 不节若,则嗟若,无咎:若,语气助词;嗟,伤叹。此言六三阴居阳位,处《节》下卦之终,乘凌二阳,有骄侈而不能节制之象;但若能嗟伤自悔,亦可"无咎"。

【译文】六三,不能节制,于是嗟叹伤悔,可免咎害。

《象》曰:"不节之嗟",又谁咎也①!

【注释】① 又谁咎:犹言"未必有咎",义与《同人》初九《象传》同。

【译文】《象传》说:"不能节制而嗟叹伤悔",又有谁会施加咎害呢?

六四,安节,亨①。

【注释】① 安节,亨:谓六四柔正得位,顺承九五,有安行节制之象,遂得"亨通"。

【译文】六四,安然奉行节制,亨通。

《象》曰:"安节之亨",承上道也。

【译文】《象传》说:"安然奉行节制可获亨通",说明六四谨守顺承尊上之道。

九五,甘节,吉,往有尚①。

【注释】① 甘节,吉,往有尚:甘,美。此谓九五阳刚中正,下乘重阴,为《节》卦之主,能甘美而恰到好处地施行节制,故获"吉"而"往有尚"。

【译文】九五,适当节制而令人感到甘美适中,吉祥,往前进发,必受尊尚。

《象》曰:"甘节之吉",居位中也。

【译文】《象传》说:"适当节制而令人感到甘美适中,于是获得吉祥",说明九五尊居正中之位。

上六,苦节;贞凶,悔亡①。

【注释】① 苦节;贞凶,悔亡:贞凶,犹言"守正防凶"。这三句说明上六处《节》之极,有节制过苦、人所不堪之象;但以柔居上,未失其正,故爻辞又勉之曰:守"正"防"凶",则可"悔亡"。

【译文】上六,节制过分,令人苦涩不堪;应当守持正固防备凶险,悔恨就可以消亡。

《象》曰:"苦节贞凶",其道穷也。

【译文】《象传》说:"节制过分,令人苦涩不堪,应当守持正固防备凶险",说明上六的节制之道已经困穷。

【总论】适当的"节制",往往是事物顺利发展的一项重要因素。《礼记·曲礼上》谓:"礼不逾节",《论语·学而》称:"知和而和,不以礼节之,亦不可行也。"其说虽均针对"礼仪"而发,但所明"节制"之理却含有普遍性的意义。《周易》设立《节》卦,正是集中阐说"节制"应当"持正"、"适中"的道理,故卦辞既称节制可致亨通,又戒不可"苦节"。卦中六爻两两相比之间,呈三正三反之象。邱富国指出:"初与二比,初'不出户庭'则'无咎',二'不出门庭'则'凶',二反乎初也;三与四比,四柔得正则为'安节',三柔不正则为'不节',三反乎四者也;五与上比,五得中则为节之'甘',上过中则为节之'苦',上反乎五者也。"(《折中》引)其中凡有凶咎者,皆因不中不正所致;而最吉之爻,当推九五中正"甘节",来知德誉为"节之尽善尽美","立法于今,而可以垂范于后也"(《来氏易注》)。可见,《节》卦的基本含义在于:合乎规律的"节制",有利于事物的正常发展;反之则致凶咎。这一道理广见于自然界及人类社会的诸多物象,如季节的推展,动植物的蕃衍,人类喜怒哀乐的情状,衣食住行的处置,均与"节制"有关。至于古代经济思想中"节用爱民"的观点,也与《节》卦的义理密切关联。欧阳修分析此卦说:"君子之所以节于己者,为其爱于物也。故其《象》曰'节以制度,不伤财,不害民'者是也。"(《易童子问》)从这一角度看,可以说,《节》卦在某种程度上反映了《周易》作者的经济思想。

中孚卦第六十一

䷼　中孚①：豚鱼吉②,利涉大川,利贞③。

【注释】① 中孚:卦名,下兑(☱)上巽(☴),象征"中心诚信"。② 豚鱼吉:豚,音 tún,小猪,"豚鱼"犹言"小猪小鱼",喻微隐之物。此句以信及豚鱼,譬喻"中孚"之德广被微物,故获吉祥。　③ 利涉大川,利贞:此言有"中孚"之德则利于涉险,利于守正。

【译文】《中孚》卦象征中心诚信:(诚信到)能感化小猪小鱼,(故而)可获吉祥,利于涉越大河巨川,利于守持正固。

《彖》曰:"中孚",柔在内而刚得中①;说而巽,孚乃化邦也②。"豚鱼吉",信及豚鱼也③;"利涉大川",乘木舟虚也④;中孚以利贞,乃应乎天也⑤。

【注释】① 柔在内而刚得中:柔,指六三、六四;刚,指九二、九五。此以中四爻的结构释卦名"中孚"。从全卦整体看,两阴正居其内,犹如"中虚"至诚;从上下卦看,两阳分处其中,犹如"中实"有信,故谓"中孚"。② 说而巽,孚乃化邦也:说,指下兑为"悦";巽,指上巽含"和顺"之义。这两句又以上下卦象再释卦名"中孚"之义,谓上下交孚,则其信可以"化邦"。　③ 信及豚鱼也:此释卦辞"豚鱼吉"。　④ 乘木舟虚:木,指"舟",上巽为木、下兑为泽,故有乘舟之象;虚,此处亦指"舟","木舟虚"三

字合称"船"。本句释卦辞"利涉大川"。 ⑤ 乃应乎天也：此释卦辞
"利贞"。

【译文】《彖传》说："中心诚信"，譬如柔顺处内能够谦虚至诚
而刚健居外又能中实有信；于是下者欣悦、上者和顺，诚信之德
就能被化邦国。"（诚信到）能感化小猪小鱼（故而）可获吉祥"，
是说诚信已施及于猪、鱼微物；"利于涉越大河巨流"，是因为此
时能像乘驾木船那样畅行无阻；中心诚信而又利于守持正固，是
因为应合"天"的刚正美德。

《象》曰：泽上有风，中孚①；君子以议狱缓死②。

【注释】① 泽上有风，中孚：释《中孚》下兑为泽、上巽为风之象。
② 议狱缓死：指"君子"效法"中孚"之象，广施信德，乃至慎议刑狱，宽缓
死刑。

【译文】《象传》说：大泽上吹拂着和风（犹如广施信德），象
征"中心诚信"；君子因此以诚信之德审议讼狱、宽缓死刑。

初九，虞吉，有它不燕①。

【注释】① 虞吉，有它不燕：虞，犹言"安"；燕，通"宴"，亦"安"之意；有
它，有应于他方，此处指应四。这两句说明初九以阳居《中孚》之始，能安守
诚信则吉；虽与六四有应，但九二在前为阻，欲"有它"往应则不得安宁。

【译文】 初九，安守（诚信）可获吉祥，别有它求则不得安宁。

《象》曰：初九"虞吉"，志未变也。

【译文】《象传》说：初九"安守（诚信）可获吉祥"，说明不欲

它求的心志未曾改变。

九二,鸣鹤在阴,其子和之①;我有好爵,吾与尔靡之②。

【注释】① 鸣鹤在阴,其子和之:鹤,喻九二;阴,山阴,喻九二处两阴之下;其子,喻九五。这两句说明九二阳刚居中,笃实诚信,声闻于外;九五处上,亦以诚德遥相应和。 ② 我有好爵,吾与尔靡之:我、吾,均指九二;爵,饮器,此处借指"酒";尔,指九五;靡,共也。这两句进一步说明二、五以诚信相互感通,犹如以美酒共饮同乐。

【译文】白鹤鸣叫在山的背阴,它的同类声声应和;我有甜美的酒浆,愿与你共饮同乐。

《象》曰:"其子和之",中心愿也①。

【注释】① 中心愿:中心,犹言"内心"。指五、二以真诚的意愿相应和。

【译文】《象传》说:"白鹤的同类声声应和",这是发自内心的真诚意愿。

六三,得敌,或鼓或罢,或泣或歌①。

【注释】① 得敌,或鼓或罢,或泣或歌:敌,三、四俱阴,故称敌;罢,谓"疲"。此言六三阴柔失正,与四为敌,有存心不诚而躁动之象,故击鼓欲进;但四位柔正,三不能取胜,只得疲惫而退;又惧四反击,不免忧惧悲泣;而六四守正,不加侵害,遂无忧而"歌"。

【译文】六三,(存心不诚)前临劲敌,或击鼓进攻,或疲惫败退,或(惧敌反攻而)悲泣,或(因敌不侵而)欢歌。

《象》曰："或鼓或罢",位不当也。

【译文】《象传》说："或击鼓进攻、或疲惫败退",说明六三居位不妥当。

六四,月几望,马匹亡,无咎①。

【注释】① 月几望,马匹亡,无咎:几望,月亮将满未盈;匹,配也,指初与四阴阳互应。此谓六四处"中孚"之时,柔顺居正,上承九五,犹如"阴德"方盛而不盈,遂有"月几望"之象;既已专诚事五,则不可分心应初,故必如马亡其匹、与初割绝,才能"无咎"。

【译文】六四,月亮接近满圆,良马亡失匹配,不致咎害。

《象》曰："马匹亡",绝类上也①。

【注释】① 绝类上:类,指初九;上,用如动词,犹言"上承"、"上从"。

【译文】《象传》说："良马亡失匹配",说明六四断绝其配偶而上承九五。

九五,有孚挛如,无咎①。

【注释】① 有孚挛如,无咎:挛,牵系;如,语气助词。此谓九五阳刚中正,为《中孚》之主,能以诚信广系"天下"之心,则"天下"亦以诚信相应,故无所咎害。

【译文】九五,用诚信牵系天下之心,无所咎害。

《象》曰："有孚挛如",位正当也。

【译文】《象传》说："用诚信牵系天下之心",说明九五居位中正适当。

上九,翰音登于天,贞凶①。

【注释】① 翰音登于天,贞凶:翰,高飞,"翰音"犹言"飞鸟鸣音"。此谓上九居《中孚》之极,诚信衰而虚伪起,遂有"翰音"虚升于天之象;但毕竟具备阳刚本质,故爻辞又设守"贞"防"凶"之诫。

【译文】上九,飞鸟的鸣叫声响彻天宇(虚声远闻而信实不继),必须守持正固以防凶险。

《象》曰:"翰音登于天",何可长也!

【译文】《象传》说:"飞鸟的鸣叫声响彻天宇(虚声远闻而信实不继)",这种虚声怎能保持长久呢?

【总论】孔子曾经反复以"信"德施教,《论语》二十篇屡屡强调这一宗旨,如"敬事而信"(《学而》),"主忠信,徙义崇德也"(《颜渊》),"人而无信,不知其可也"(《为政》)等均是。《中孚》卦,正是阐明"中心诚信"的意义。卦辞用"感化小猪小鱼可获吉祥",喻诚信之德应当广被微物,并称此时利于涉险、利于守正。卦中诸爻从不同的角度揭示其理:初安于下位以守信,二笃诚中实以感物,四专心致诚而不贰,五广施诚信而居尊,这四爻虽处位不同、阴阳有别,但皆为有"信"的正面形象;而六三居心不诚,言行无常,上九信衰诈起、虚声远闻,则为无"信"的反面形象。六爻最受推崇的,是二、五两爻。九二取"鸣鹤在阴,其子和之"为喻,贾谊由此推得"爱出者爱反,福往者福来"(《新书·春秋》)的论旨。至于九五所取以"诚信"牵系"天下"之象,更蕴含着对"有国者"必须"取信于民"的期望,与卦辞申言:信及"豚鱼"、感化万物的观点相合。刘向论曰:"人君苟能至诚动于内,万民必应而感移。尧、舜之诚感于万国,动于天地,故荒外从风,凤麟翔舞,下及微物,咸得其所。《易》曰:'中孚,豚鱼吉',此之谓也。"(《新序·杂事篇》)可见,《中孚》卦所发"诚信"之义,既泛及一般的社会道德,又兼及特殊的政治伦理。那么,在研究我国古代社会的伦理思想中,尤其在探索"信"这一道德范畴的历史渊源时,本卦实可提供一定的资料依据。

小过卦第六十二

䷽　小过①：亨，利贞②；可小事，不可大事③；飞鸟遗之音，不宜上，宜下，大吉④。

【注释】　① 小过：卦名，下艮（☶）上震（☳），象征"小有过越"。　② 亨，利贞：此谓"小过"之时，可致亨通；但"过越"又不能不以"正"为本，故称"利贞"。　③ 可小事，不可大事：小事，指柔小之事；大事，指刚大之事。　④ 飞鸟遗之音，不宜上，宜下，大吉：这几句取"飞鸟"象，比喻"小过"主于谦柔，可居下，不可居上。

【译文】《小过》卦象征小有过越：亨通，利于守持正固；可以施行寻常小事，不可践履天下大事；譬如飞鸟留下悲哀的鸣声，不宜于向上强飞，宜于向下安栖，大为吉祥。

《彖》曰：小过，小者过而亨也①；过以利贞，与时行也②。柔得中，是以小事吉也；刚失位而不中，是以不可大事也③。有飞鸟之象焉④："飞鸟遗之音，不宜上，宜下，大吉"，上逆而下顺也⑤。

【注释】　① 小者过而亨也：此释卦辞"小过，亨"。　② 与时行也：此释卦辞"利贞"，谓"小过"之道须行于正当之时，不可随意妄为。　③ 柔得中，是以小事吉也；刚失位而不中，是以不可大事也：柔，指六二、六五；刚，指九三、九四。这四句用卦中柔爻、刚爻的居位特点，释卦辞"可小事，不可大事"。　④ 有飞鸟之象焉：此谓卦辞取"飞鸟遗之音，不宜上，宜下"为喻象。　⑤ 上逆而下顺也：上逆，指五居上乘刚；下顺，指二处下承阳。此释卦辞"飞鸟遗之音，不宜上，宜下"。

【译文】《象传》说：小有过越，说明在寻常柔小之事有所过越而能亨通；有所过越而利于守持正固，说明应当配合一定的时候奉行此道。譬如阴柔居中不偏，所以施行寻常柔小之事可获吉祥；阳刚有失正位而不能持中，所以不可践履天下刚大之事。卦中有飞鸟的喻象："飞鸟遗下悲哀的鸣声，不宜于向上强飞，宜于向下安栖，大为吉祥"，说明向上行大志则违逆而向下施小事则安顺。

《象》曰：山上有雷，小过①；君子以行过乎恭，丧过乎哀，用过乎俭②。

【注释】① 山上有雷，小过：释《小过》下艮为山、上震为雷之象。② 行过乎恭，丧过乎哀，用过乎俭：这是说明"君子"效法《小过》之象，在行止之恭、丧事之哀、用费之俭这些寻常小事上，稍能过越，以正俗弊。

【译文】《象传》说：山顶上响动着震雷(其声过常)，象征"小有过越"；君子因此行止稍过恭敬，丧事稍过悲哀，费用稍过节俭。

初六，飞鸟以凶①。

【注释】① 飞鸟以凶：以，连词，犹"而"。此言初六处"小过"之始，本当"宜下"，却如"飞鸟"逆势上翔，往应九四，故有凶险。

【译文】初六，飞鸟逆势向上将有凶险。

《象》曰："飞鸟以凶"，不可如何也①。

【注释】① 不可如何：犹言"无奈其何"，谓难以解救。

【译文】《象传》说："飞鸟逆势向上将有凶险"，这是初六自取凶咎，无奈其何。

六二，过其祖，遇其妣；不及其君，遇其臣，无咎①。

【注释】① 过其祖，遇其妣；不及其君，遇其臣，无咎：祖，祖父，喻九四；妣，祖母，与下文"君"皆喻六五；臣，喻六二，"遇其臣"犹言"君得其臣"。这几句说明六二柔顺中正，其进可越三而超过四"祖"，得遇六五之"妣"；但六五"君位"，二不敢擅越，而臣事之，五遂得遇其臣，故又曰"不及其君，遇其臣"；居二之位，当"小过"之时，必须如此既过又不过，才能"无咎"。

【译文】六二，超过祖父，得遇祖母；然而不及其君主，君主于是得遇合臣仆，必无咎害。

《象》曰："不及其君"，臣不可过也。

【译文】《象传》说："不及其君主"，说明六二作为臣仆不可超过尊上。

九三，弗过防之，从或戕之，凶①。

【注释】① 弗过防之，从或戕之，凶：防，防备；之，语气词（下句同）；从，作副词，犹言"随着"、"从而"；戕，音 qiāng，害也。此谓九三居下卦之上，处阴过阳之时，阳刚得正，自恃强盛，不愿过为防备，则将为人所害，故"凶"。

【译文】九三，不肯过为防备，将要受人加害，有凶险。

《象》曰:"从或戕之",凶如何也!

【译文】《象传》说:"将要受人加害",说明九三的凶险多么严重啊!

九四,无咎,弗过遇之;往厉必戒,勿用,永贞①。

【注释】① 无咎,弗过遇之;往厉必戒,勿用,永贞:弗过,指九四失位不过刚;遇之,谓得遇初六;往,指前往应初。此谓九四阳居阴位,不为过刚,遂能得遇下卦之初,有"宜下"之象,故"无咎";但既已失正,若主动前往应初,则失自慎静守之道,故戒以"往厉",并告其"勿用"、"永贞"。

【译文】九四,无所咎害,不过分刚强就能得遇阴柔;但前往应合将有危险,务必自戒,不可施展才用,而要永久守持正固。

《象》曰:"弗过遇之",位不当也;"往厉必戒",终不可长也。

【译文】《象传》说:"不过分刚强就能得遇阴柔",说明九四未居适当的阳刚位置;"前往应合将有危险,务必自戒",说明若往应阴终将不能长久无害。

六五,密云不雨,自我西郊①;公弋取彼在穴②。

【注释】① 密云不雨,自我西郊:义与《小畜》卦辞同。此处说明六五以阴居尊位,下无阳应,犹如西郊阴方唯浓云密布,无阳而不能化雨;象旨正合"小者过"、"不可大事"之义。 ② 公弋取彼在穴:公,指六五;弋,音yì,用缴(细绳)系在箭矢上射;在穴,即藏于穴中的狡兽,喻隐患、弊端。此句承前两句之意,说明六五虽不能治天下,但作为"王公"则能过行其臣职,竭力除害矫弊。

【译文】六五,浓云密布而不降雨,它从我们城邑的西郊升起;王公竭力射取隐藏穴中的害兽。

《象》曰:密云不雨,已上也①。

【注释】① 已上:指阴已居上,未得阳和,故"不雨"。

【译文】《象传》说:"浓云密布而不降雨",说明六五阴气旺盛已经高居在上。

上六,弗遇过之①;飞鸟离之,凶,是谓灾眚②。

【注释】① 弗遇过之:此句说明上六居《小过》之终,阴处穷高,过越至极,不仅不能应合在下之阳,且己身之亢已超过阳刚,故谓"弗遇过之"。② 飞鸟离之,凶,是谓灾眚:离,通"罹",谓遭受,此指飞鸟遭射;灾眚,即灾殃祸患。此以飞鸟穷飞遭射之象,喻上六过极自取灾凶。

【译文】上六,不能遇合阳刚却更超过阳刚;正像飞鸟(不停地飞动)遭受射杀,有凶险,这就叫作灾殃祸患。

《象》曰:"弗遇过之",已亢也。

【译文】《象传》说:"不能遇合阳刚却更超过阳刚",说明上六已居亢极之地。

【总论】《小过》阐明事物有时必须"小有过越"的道理。全卦宗旨约见于两方面:一是此理必须用在处置"柔小之事",即卦辞所谓"可小事,不可大事";二是"过越"的本质体现于谦恭卑柔,亦即卦辞所谓"不宜上,宜下"。然而,所"过越"者虽为"柔小之事",也须建立在"正"的基础上;否则,必将导致大凶:这又是卦辞强调"利贞"之所以然。卦中诸爻的吉凶情状,一一围绕着上述意义而发。其中六二、六五以阴柔居中,最得"小过"之旨;初、上虽亦阴爻,但均违"宜下"之道而致"凶";三、四两阳,前者过刚不能自下,后者居柔能下,故一"凶"一"无咎"。可见,"宜下"的准则,在本卦大义中至关重要。《大象传》谓:"行过乎恭,丧过乎哀,用过乎俭",《左传》桓公五年郑伯称:"君子不欲多上人",正与"宜下"之义切合。

既济卦第六十三

既济①：亨小，利贞②；初吉终乱③。

【注释】 ① 既济：卦名，下离(☲)上坎(☵)，象征"事已成"。　② 亨小，利贞：亨小，犹言"小亨"，"小"指阴柔。此谓"既济"之时，不但大者亨通，小者也均获亨通，故卦中六爻皆得位；而此时又宜于守正，故曰"利贞"。　③ 初吉终乱：这是诫勉"事成"之后应慎为守成，否则将致危乱。

【译文】《既济》卦象征事已成：此时连柔小者也获得亨通，利于守持正固；若不慎守成功起初吉祥，最终将致危乱。

《彖》曰："既济，亨"，小者亨也①。"利贞"，刚柔正而位当也②。"初吉"，柔得中也；"终止则乱"，其道穷也③。

【注释】 ① 既济，亨，小者亨也：此释卦辞"既济，亨小"。　② 刚柔正而位当也：此以卦中六爻刚柔均当位，释卦辞"利贞"。　③ 初吉，柔得中也；终止则乱，其道穷也：柔得中，指六二柔顺居中；止，停止不前。此释卦辞"初吉终乱"。

【译文】《彖传》说："事已成，亨通"，说明此时连柔小者也获得亨通。"利于守持正固"，说明阳刚阴柔均利于行为端正，居位适当。"起初吉祥"，说明柔小者也像刚大者一样能持中不偏；"最终停止不前必将导致危乱"，说明"事成"之道已经困穷。

《象》曰：水在火上,既济①;君子以思患而豫防之②。

【注释】① 水在火上,既济:释《既济》上坎为水、下离为火之象。② 思患而豫防之:豫,即"预"。这是说明"君子"观《既济》卦象,知"初吉终乱"之理,故能思其后患而预为防备。

【译文】《象传》说:水在火上(煮成食物),象征"事已成";君子因此于事成之后思虑可能出现的祸患而预先防备。

初九,曳其轮,濡其尾,无咎①。

【注释】① 曳其轮,濡其尾,无咎:此谓初九处"既济"之始,上应六四,但不急于求应,有谨慎守成之象,故取曳轮不令猛行,濡尾不使速进为喻;事成之初,能如此谨守,则可"无咎"。

【译文】初九,向后拖曳车轮(不使猛行),小狐渡河沾湿尾巴(不使速进),必无咎害。

《象》曰:"曳其轮",义无咎也。

【译文】《象传》说:"向后拖曳车轮(不使猛行)",说明初九的行为合符谨慎守成的意义而不致咎害。

六二,妇丧其茀,勿逐,七日得①。

【注释】① 妇丧其茀,勿逐,七日得:妇,喻六二;茀,音 fú,古代贵族妇女所乘车辆上的蔽饰;七日,喻为时之快。此谓六二上应九五,犹"五"之妇而柔顺中正,故能"丧茀"不寻,静俟自复;以此处"既济",必不失所成,遂致"七日"又复得其"茀"。

【译文】六二,妇人丧失车辆的蔽饰(难以出行),不用追寻,过不了七日必将失而复得。

《象》曰："七日得"，以中道也。

【译文】《象传》说："过不了七日必将失而复得"，说明六二能守持中正不偏之道。

九三，高宗伐鬼方，三年克之；小人勿用①。

【注释】① 高宗伐鬼方，三年克之；小人勿用：高宗，殷王武丁；鬼方，国名，古代西北地区"猃狁"部落之一。此谓九三以阳刚居《既济》下卦之终，犹"事成"之后尚致力于排除余患，故以"高宗伐鬼方"为喻；此时虽仅存余患，但也必须以"三年克之"的精神持久努力，才能安保其成，若任用焦躁激进的"小人"必致危乱，故戒"小人勿用"。

【译文】九三，殷高宗讨伐鬼方，持续三年之久终于获胜；焦躁激进的小人不可任用。

《象》曰："三年克之"，惫也。

【译文】《象传》说："持续三年之久终于获胜"，说明九三持久努力到了疲惫的程度。

六四，繻有衣袽，终日戒①。

【注释】① 繻有衣袽，终日戒：繻，音 rú，彩色的丝帛，此处借指美服；有，犹"或"也，句中含"将要"之意；袽，音 rú，败絮，指衣服破敝。这两句说明六四柔顺得正，居上卦之始，"既济"之道将有转化，如美服或要变为敝衣，故勉其"终日戒"，即谓守正防患。

【译文】六四，华美衣服将变成敝衣破絮，应当整天戒备祸患。

《象》曰:"终日戒",有所疑也。

【译文】《象传》说:"整天戒备祸患",说明六四有所疑惧。

九五,东邻杀牛,不如西邻之禴祭,实受其福①。

【注释】① 东邻杀牛,不如西邻之禴祭,实受其福:东邻、西邻,假设之辞,犹言彼、此,主于为九五诫;杀牛,指举行盛大祭祀;禴祭,薄祭(见《萃》六二译注)。此谓九五居《既济》尊位,阳刚中正,事成物盛,故取东、西邻祭祀之象设诫,勉其敬慎修德,则可"受福"而免遭危害。

【译文】九五,东边邻国杀牛盛祭,不如西边邻国举行微薄的"禴祭",更能切实地承受神灵降予的福泽。

《象》曰:"东邻杀牛",不如西邻之时也①;"实受其福",吉大来也。

【注释】① 时:合时。

【译文】《象传》说:"东边邻国杀牛盛祭",不如西边邻国微薄的禴祭适时明德;"西邻更能切实地承受神灵降予的福泽",喻示吉祥将源源来临。

上六,濡其首,厉①。

【注释】① 濡其首,厉:此言上六以阴居"既济"之终,济极终乱,故有狐渡河而水湿其首之象,其势必"危厉"。

【译文】上六,小狐渡河沾湿头部,有危险。

《象》曰:"濡其首,厉",何可久也!

【译文】《象传》说:"小狐渡河沾湿头部,有危险",喻示事成之后若不审慎怎能长久守成!

【总论】《既济》卦名的取义,是借"涉水已竟"喻"事已成";但全卦大旨却是阐发"守成艰难"的道理。唐太宗曾问身边的侍臣:"帝王之业,草创与守成孰难?"魏徵答曰:"帝王之起,必承衰乱,覆彼昏狡,百姓乐推,四海归命,天授人与,乃不为难。然既得之后,志趣骄逸,百姓欲静,而徭役不休;百姓凋残,而务务不息:国之衰弊,恒由此起。以斯而言,守成更难。"(见《贞观政要·君道》)此语虽论"帝王事业",但其义却甚合《既济》卦旨。从本卦的卦辞看,虽称"事成"之时,物无大小,俱获亨通,但又以"利贞"二字强调不可忘忽守"正";而"初吉终乱"一语,更是深明此时稍不敬慎必将复乱的诫意。卦中六爻,无不见警戒之旨:初戒"曳轮"不可前,二戒"丧茀勿逐",三戒"小人勿用",四"终日戒",五有"东邻杀牛"之戒,上更以"濡首厉"为戒。可见,"既济"之时虽万事皆成,但要安保这一既成局面,却非易事。《大象传》言"君子以思患而豫防之",意味实颇深长。欧阳修论曰:"人情处危则虑深,居安则意殆,而患常生于怠忽也。是以君子'既济',则思患而豫防之也。"(《易童子问》)此语可以视为本卦精义的概括。

未济卦第六十四

☲ 未济^①：亨^②；小狐汔济，濡其尾，无攸利^③。

【注释】① 未济：卦名，下坎(☵)上离(☲)，象征"事未成"。　② 亨：谓"事未成"正可促使其成，故"亨"。　③ 小狐汔济，濡其尾，无攸利：汔，接近。此承前文"亨"而发，谓"未济"虽有"可济"之理，但若处事不敬慎，像小狐涉水将竟，却濡湿其尾，必将不能成济而无所利。

【译文】《未济》卦象征事未成，勉力使成可获亨通；若像小狐渡河接近成功，被水沾湿尾巴，则无所利益。

《彖》曰："未济，亨"，柔得中也^①。"小狐汔济"，未出中也^②；"濡其尾，无攸利"，不续终也^③。虽不当位，刚柔应也^④。

【注释】① 柔得中：柔，指六五。此句以六五爻象释卦辞"未济，亨"。② 未出中：指九二居下坎之中，未能出险。　③ 不续终：指初六居卦下而"濡尾"，力弱未能持续至终，遂使九二也难以出险，而"济"事不成。此句合前文"未出中"释卦辞"小狐汔济，濡其尾，无攸利"之义。　④ 虽不当位，刚柔应也：这两句以六爻不当位但刚柔有应，故能化"未济"为"既济"，再释"未济"所以能"亨"之理。

【译文】《彖传》说："事未成，勉力使成可获亨通"，是因为柔顺而能守持中道。"小狐渡河接近成功",喻示尚未脱出险陷之中;"被水沾湿尾巴,则无所利益",说明促使事成的努力不能持续至终。卦中六爻尽管居位均不适当,但阳刚阴柔却能相应(可促使成功)。

《象》曰:火在水上,未济[①];君子以慎辨物居方[②]。

【注释】① 火在水上,未济:释《未济》上离为火、下坎为水之象。② 君子以慎辨物居方:居,处也;方,犹"所"。这是说明"君子"观《未济》卦水火、刚柔居位不当之象,悟知"未济"之时必须审慎辨物,使各居其所,则可促成"既济"。

【译文】《象传》说:火在水上(难以煮物),象征"事未成";君子因此审慎分辨诸物、使之各居适当的处所则万事可成。

初六,濡其尾,吝[①]。

【注释】① 濡其尾,吝:此言初六以柔处坎险之下,时当"未济",却急于上应九四而不能谨慎持中,故为小狐"濡尾"之象;未能成"济",故其行必"吝"。

【译文】初六,小狐渡河被水沾湿尾巴,有所憾惜。

《象》曰:"濡其尾",亦不知极也[①]。

【注释】① 不知极:"不知极"指初六居下失中。

【译文】《象传》说:"小狐渡河被水沾湿尾巴",说明初六也太不知谨慎持中。

九二,曳其轮,贞吉[①]。

【注释】① 曳其轮,贞吉:此谓九二以刚中居"未济"之时,虽应六五,但尚未出险,谨慎而不敢轻进,故有"曳轮"之象;以此谨慎守正,故吉。

【译文】九二,向后拖曳车轮(不使猛行),守持正固可获吉祥。

《象》曰:九二贞吉,中以行正也。

【译文】《象传》说:九二守持正固可获吉祥,说明要持中而行事端正不偏。

六三,未济,征凶①,利涉大川②。

【注释】① 未济,征凶:此言六三当"未济"之时,以柔居坎险之上,力弱失正;此时不宜躁进,故"征"必有"凶"。 ② 利涉大川:此句似从正面示勉,说明六三下比九二,若能不自求进,而与二同舟共济,涉险排难,则可脱出坎险,济成其事,故利在"涉川"。

【译文】六三,事未成,急于进取必有凶险,但利于涉越大河巨流以脱出险难。

《象》曰:"未济征凶",位不当也。

【译文】《象传》说:"事未成急于进取必有凶险",说明六三居位不适当。

九四,贞吉,悔亡①;震用伐鬼方,三年有赏于大国②。

【注释】① 贞吉,悔亡:此言九四以阳处《未济》上卦之始,事将可济,虽失正有"悔",但能努力趋"正"则"吉"而"悔亡"。 ② 震用伐鬼方,三年有赏于大国:震,作副词,犹言"以雷震之势";伐鬼方,与《既济》九三辞义同;有赏于大国,即被封为大国之侯。这两句承上文意,说明九四必须勉力持久地求成其事,故以"伐鬼方"、"三年有赏"为喻。

【译文】九四,守持正固可获吉祥,悔恨消亡;以雷霆之势讨伐鬼方,经过三年奋战功成而被封赏为大国诸侯。

《象》曰:"贞吉悔亡",志行也。

【译文】《象传》说:"守持正固可获吉祥,悔恨消亡",说明九四求济的志向正在践行。

六五,贞吉,无悔;君子之光,有孚吉①。

【注释】① 贞吉,无悔;君子之光,有孚吉:君子之光,喻五居上卦离明之中。此言六五处《未济》盛位,体禀"文明",能持正必将获吉无悔;又应二比四,犹如焕发"君子之光",以诚信待物,其时可济,故"有孚吉"。

【译文】六五,守持正固可获吉祥,无所悔恨;这是君子的光辉,心怀诚信必得吉祥。

《象》曰:"君子之光",其晖吉也①。

【注释】① 晖:《说文》"光也"。

【译文】《象传》说:"君子的光辉",喻示六五光耀焕发正体现着吉祥。

上九,有孚于饮酒,无咎①;濡其首,有孚失是②。

【注释】① 有孚于饮酒,无咎:孚,信也,此处犹言"信任"(下文同)。这是说明上九以阳居《未济》之极,物极至反,遂成"既济";成"既济"则诸事皆当,心无烦忧,故信任于下,自可"饮酒"逸豫,无所咎害。 ② 濡其首,有孚失是:濡其首,与《既济》上六辞义同;是,正也,"失是"犹言"有失正道"。这两句又从反面设诫,说明上九若自逸无度,荒废其事,将有"濡首"之危,则是过分委信于人致失正道。

【译文】上九,信任他人,安闲饮酒,不致咎害;但(逸乐过度)将如小狐渡河被水沾湿头部,那是无限度地委信于人而将损害正道。

《象》曰:"饮酒濡首",亦不知节也。

【译文】《象传》说:"饮酒逸乐而(如小狐渡河)沾湿头部遭致祸害",说明上九要是这样也太不知节制了。

【总论】《周易》六十四卦,以《未济》为终,似乎蕴含着对"《易》者,变也"这一义理的归结。从卦名看,《未济》是借"未能济渡"喻"事未成";而全卦大旨乃在于说明:当"事未成"之时,若能审慎进取,促使其成,则"未济"之中必有"可济"之理。但卦辞在指出努力求济可致"亨通"的同时,仍不忘事物发展的另一面,又以"小狐"渡河将竟"濡尾"、徒劳无益为喻,诫人若不慎始慎终必难成济。卦中诸爻所示,下三爻尚未能"济",主于戒其"慎";上三爻已向"既济"转化,主于勉其"行"。《折中》引邱富国曰:"内三爻,坎险也,初言'濡尾'之吝,二言'曳轮'之贞,三有'征凶,位不当'之戒,皆未济之事也;外三爻,离明也,四言'伐鬼方,有赏',五言'君子之光,有孚',上言'饮酒,无咎',则未济为既济矣。"然而,六爻的寓意,以上六最为深长。就"爻位"看,其时虽已转为"既济",但若纵逸无度,必有重反"未济"之危,故爻辞既言"无咎"又发"失是"之戒,意在揭明:事物的成败,是随时均可能转化的。《老子》曰:"祸兮福之所倚,福兮祸之所伏,孰知其极?"(五十八章)《序卦传》以为六十四卦终于《未济》,是表明"物不可穷",即事物的对立、变化无时休止。可见,此卦的本旨,以设诫为最后归宿。从这一点看,其象征意义广泛展示了事物的"完美"或"成功"只是相对的,"缺陷"或"未成"却是时时伴随着前者而存在。龚自珍《己亥杂诗》之一曰:"《未济》终焉心缥缈,百事翻从阙陷好;吟到夕阳山外山,古今谁免余情绕?"诗中流露着浓厚的失意烦恼情绪;但如何化"阙陷"为"完美",俟"夕阳"成"朝日",则显然体现了从"未济"中求得"可济"的哲理。

卷九

系 辞 上 传

　　天尊地卑,乾坤定矣。卑高以陈,贵贱位矣。动静有常,刚柔断矣。方以类聚,物以群分,吉凶生矣。在天成象,在地成形,变化见矣。是故刚柔相摩,八卦相荡。鼓之以雷霆,润之以风雨;日月运行,一寒一暑。乾道成男,坤道成女。乾知大始,坤作成物。乾以易知,坤以简能;易则易知,简则易从;易知则有亲,易从则有功;有亲则可久,有功则可大;可久则贤人之德,可大则贤人之业。易简,而天下之理得矣;天下之理得,而成位乎其中矣。

　　【译文】天尊而高,地卑而低,乾坤的位置就确定了。卑低、尊高一经陈列,事物显贵和微贱就各居其位。天的动和地的静有一定的规律,阳刚阴柔的性质就判然分明。天下各种意识观念以门类相聚合,各种动物植物以群体相区分,吉和凶就(在同与异的矛盾中)产生。悬于天上的(如日月星辰等)成为表象,处在地面的(如山川动植等)成为形体,事物变化的道理(就从这些形、象中可以)显现出来。所以阳刚阴柔互相摩切交感(而生成八卦),八卦又互相推移变动(而衍成六十四卦)。譬如雷霆在鼓动,风雨在润泽;日月往来运行,出现寒暑交替(这是天上表象的阴阳变化)。又如乾道构成男性,坤道构成女性(这是地面形体的阴阳变化)。乾的作为体现于(万物的)太初创始,坤的作为体现于(承乾而)生成万物。乾的作为以平易为人所知,坤的作为以简约见其功能。平易就容易使人明了,简约就容易使人顺从;容易明了则(心志通同)有人亲近,容易顺从则(齐心协力)可建功绩;有人亲近处世就能长久,可建功绩立身就能弘大;处世长久是贤人的美德,立身弘大是贤人的事业。所以,明白乾坤的平易和简约,天下的道理就都懂得了;懂得天下的道理,就能(遵循天地规律而)居处适中合宜的地位。

圣人设卦观象,系辞焉而明吉凶,刚柔相推而生变化。是故吉凶者,失得之象也;悔吝者,忧虞之象也。变化者,进退之象也;刚柔者,昼夜之象也。六爻之动,三极之道也。是故君子所居而安者,《易》之序也;所乐而玩者,爻之辞也。是故君子居则观其象而玩其辞,动则观其变而玩其占,是以"自天祐之,吉无不利"。

【译文】圣人观察(宇宙间的种种)物象而创设六十四卦,各卦各爻下都撰系文辞借以表明吉凶的征兆,卦中阳刚阴柔(三百八十四爻)互相推移而产生无穷的变化。所以(卦爻辞中的)"吉"、"凶",是处事或失、或得的象征;"悔"、"吝",是(处事微失而)忧念、愁虑的象征。诸卦反映的变化,是处事权衡进退的象

征;刚爻柔爻,是白昼(为阳)黑夜(为阴)的象征。六爻的变动,
包涵着(大千世界)上至天、下至地、中至人的道理。所以君子能
居处而获安稳,正是符合《周易》所体现的一定位序;所喜爱而研
探玩味的,是卦爻陈列的精微文辞。因此君子平时居处就观察
《周易》的象征而探研玩味其文辞,有所行动就观察《周易》的变
化而探研玩味其占筮,所以就能(像《大有》卦上九爻所说的)"从
上天降下祐助,吉祥而无所不利"。

象者,言乎象者也;爻者,言乎变者也。吉凶者,言乎
其失得也;悔吝者,言乎其小疵也;无咎者,善补过也。是
故列贵贱者存乎位,齐小大者存乎卦,辩吉凶者存乎辞,
忧悔吝者存乎介,震无咎者存乎悔。是故卦有小大,辞有
险易;辞也者,各指其所之。

【译文】象辞,是总说全卦的象征;爻辞,是分说各爻的变化。
"吉"、"凶",说明处事或失、或得;"悔"、"吝",说明处事稍有弊
病;"无咎",说明善于补救过失。所以陈列尊贵、微贱的象征在
于爻位,确定柔小、刚大的象征在于卦体,辨别"吉"、"凶"的象征
在于卦爻辞,忧念"悔"、"吝"的象征在于预防纤介小疵,震惧"无
咎"的象征在于内心悔悟。因此卦体有柔小、有刚大,卦爻辞有
艰险,有平易;卦爻辞,是分别指示所应当趋避的方向。

《易》与天地准,故能弥纶天地之道。仰以观于天文,
俯以察于地理,是故知幽明之故;原始反终,故知死生之
说;精气为物,游魂为变,是故知鬼神之情状。与天地相
似,故不违;知周乎万物而道济天下,故不过;旁行而不

流,乐天知命,故不忧;安土敦乎仁,故能爱。范围天地之化而不过,曲成万物而不遗,通乎昼夜之道而知,故神无方而《易》无体。

【译文】《周易》的创作与天地相准拟,所以能普遍包涵天地间的道理。(用《周易》的法则)仰观天上日月星辰的文采,俯察地面山川原野的理致,就能知晓幽隐无形和显明有形的事理;推原事物的初始、反求事物的终结,就能知晓死生的规律;考察精气凝聚成为物形,气魂游散造成变化,就能知晓"鬼神"的情实状态。(明白了《周易》的义理,可以)和天地的道理相近似,所以行为不违背天地自然的规律;知识周遍于万物而道德足以匡济天下,所以动止不会偏差;权力广泛推行而不流溢淫滥,乐其天然、知其命数,所以无所忧愁;安处其环境以敦厚施行仁义,所以能泛爱天下。(可见,《易》道的广大)足以拟范周备天地的化育而不致偏失,足以曲尽细密地助成万物而不使遗漏,足以会通于昼夜幽明的道理而无所不知,所以说事物神奇的奥妙不泥于一方而《周易》的变化不定于一体。

一阴一阳之谓道。继之者善也,成之者性也。仁者见之谓之仁,知者见之谓之知,百姓日用而不知,故君子之道鲜矣。显诸仁,藏诸用,鼓万物而不与圣人同忧。盛德大业至矣哉! 富有之谓大业,日新之谓盛德。生生之谓易,成象之谓乾,效法之谓坤,极数知来之谓占,通变之谓事,阴阳不测之谓神。

【译文】一阴一阳的矛盾变化就叫作"道"。传继此道(发扬光大以开创万物)的就是"善",蔚成此道(柔顺贞守以孕育万物)

的就是"性"。仁者发现"道"有"仁"的蕴存就称之为"仁",智者发现"道"有"智"的蕴存就称之为"智",百姓日常应用此"道"却茫然不知,所以君子所谓"道"的全面意义就很少人懂得了。(天地的"道")显现于仁德(而广被宇宙间),潜藏于日用(而不易察觉),(在自然无为中)鼓动化育万物而与圣人(体"道")尚存忧患之心有所不同。(然而圣人努力效法"道",他的)盛美德行和弘大功业也算至极无比了!广泛获有万物叫作弘大功业,日日增新不断更善叫作盛美德行!阴阳转化而生生不绝叫作变易,画卦成为天的象征叫作乾,画卦仿效地的法式叫作坤,穷极蓍数预知将来叫作占筮,通转变化叫作(天下的)事态,阴阳矛盾变化不可测定叫作(微妙的)神。

　　夫《易》广矣大矣!以言乎远则不御,以言乎迩则静而正,以言乎天地之间则备矣。夫乾,其静也专,其动也直,是以大生焉;夫坤,其静也翕,其动也辟,是以广生焉。广大配天地,变通配四时,阴阳之义配日月,易简之善配至德。

　　【译文】《周易》的象征是何等广大啊!将它比拟于远处则变化穷深遥无止境,将它比拟于近处则宁静端正不见邪僻,将它比拟于天地之间则完备充实万理具在。象征阳的乾,当宁静的时候是专一含养,当兴动的时候是直遂不挠,所以生出刚大的气魄;象征阴的坤,当宁静的时候是闭藏微伏,当兴动的时候是开辟展布,所以生出宽柔的气质。(《周易》义理中)宽柔刚大的象征可以配合天地形象,变化交通的象征可以配合四季规律,阳刚阴柔的意义可以配合太阳月亮的情态,平易简约的美善原理可以配合至高的道德。

子曰："《易》其至矣乎！夫《易》，圣人所以崇德而广业也。知崇礼卑，崇效天，卑法地。天地设位，而《易》行乎其中矣。成性存存，道义之门。"

【译文】孔子说："《周易》的道理应该是至善至美啊！《周易》，是圣人用来增崇其道德而广大其事业的。智慧贵在崇高，礼节贵在谦卑，崇高是仿效天，谦卑是取法地。天地创设了上下尊卑的位置，《周易》的道理就在其间变化通行。（能够用《易》理修身）成就美善德性，反复涵养蕴存，就是找到了通向'道'和'义'的门户。"

圣人有以见天下之赜，而拟诸其形容，象其物宜，是故谓之象。圣人有以见天下之动，而观其会通，以行其典礼，系辞焉以断其吉凶，是故谓之爻。言天下之至赜，而不可恶也；言天下之至动，而不可乱也。拟之而后言，议之而后动，拟议以成其变化。"鸣鹤在阴，其子和之；我有好爵，吾与尔靡之。"子曰："君子居其室，出其言善，则千里之外应之，况其迩者乎？居其室，出其言不善，则千里之外违之，况其迩者乎？言出乎身，加乎民；行发乎迩，见乎远：言行，君子之枢机。枢机之发，荣辱之主也；言行，君子之所以动天地也，可不慎乎？""同人，先号咷而后笑。"子曰："君子之道，或出或处，或默或语。二人同心，其利断金；同心之言，其臭如兰。""初六，借用白茅，无

咎。"子曰:"苟错诸地而可矣,借之用茅,何咎之有? 慎之
至也。夫茅之为物薄,而用可重也。慎斯术也以往,其无
所失矣。""劳谦,君子有终,吉。"子曰:"劳而不伐,有功而
不德,厚之至也。语以其功下人者也。德言盛,礼言恭;
谦也者,致恭以存其位者也。""亢龙有悔。"子曰:"贵而无
位,高而无民,贤人在下位而无辅,是以动而有悔也。""不
出户庭,无咎。"子曰:"乱之所生也,则言语以为阶。君不
密则失臣,臣不密则失身,几事不密则害成。是以君子慎
密而不出也。"子曰:"作《易》者其知盗乎?《易》曰'负且
乘,致寇至。'负也者,小人之事也;乘也者,君子之器也。
小人而乘君子之器,盗思夺之矣;上慢下暴,盗思伐之矣。
慢藏诲盗,冶容诲淫。《易》曰'负且乘,致寇至',盗之
招也。"

【译文】圣人发现天下幽深难见的道理,就把它譬拟成具体
的形象容貌,用来象征特定事物适宜的意义,所以称作"象"。圣
人发现天下万物运动不息,就观察其中的会合变通,以利于施行
典法礼仪,并(在六十四卦三百八十四爻下)撰系文辞来判断事
物变动的吉凶,所以称作"爻"。(《周易》)言说天下至为幽深难
见的道理,而不可鄙贱轻恶(其取象平易);(《周易》)言说天下至
为纷繁复杂的变动,而不可错乱乖违(其内涵规律)。(作《易》
者)先譬拟物象然后言说道理,先审议物情然后揭示变动,通过
譬拟和审议就形成此书的变化哲学。(譬如,《中孚》九二说)"鹤
在山阴鸣唱,其子声声应和;我有一壶美酒,愿与你共饮同乐。"
孔子解释说:"君子平居家中,发出美善的言论,远在千里之外的

人也将闻风响应,何况近处的人呢? 平居家中,要是发出不善的言论,远在千里之外的人也将违逆背离,何况近处的人呢? 言论出于自身,要施加给百姓;行为发于近处,远方的人也能看见:言论和行为,犹如君子'门户'开阖的机要。'门户'机要的启发,恰似或荣或辱的关键,言论和行为,是君子用来鼓动天地万物的,岂能不慎重呢?"(《同人》九五说)"和同于人,起先痛哭号咷,后来欣喜欢笑。"孔子解释说:"君子(处世待人)的道理,有时(可)外出行事,有时(要)安居静处,有时(要)沉默寡言,有时(可)畅发议论。两人心意相同,犹如利刃可以切断金属;心意相同的言语,其气味像兰草一样芬芳。"(《大过》初六说)"初六,用洁白的茅草衬垫承放(奉献尊者的物品),必无咎害。"孔子解释说:"假如直接放在地上也是可以的,再用茅草衬垫承放,哪还有什么咎害呢? 这是敬慎之至的行为。茅草作为物是微薄的,但可以发挥重大作用。慎守这种恭谨的方法而前往,必将无所过失吧。"(《谦》九三说)"勤劳而谦虚,君子能保持至终,吉祥。"孔子解释说:"勤劳而不自夸其善,有功而不自以为恩德,这是敦厚至极啊。这是说明有功勋而能谦下于人。道德要隆盛,礼节要恭谨。谦虚的含义,正是致力于恭谨来保存其地位的意思。"(《乾》上九说)"巨龙高飞穷极(天宇),终将有所悔恨。"孔子解释说:"尊贵而没有实位,崇高而管不到百姓,贤明的人在下位而不辅助他,所以轻举妄动必将有所悔恨。"(《节》初九说)"(节制慎守)不跨出庭户,必无咎害。"孔子解释说:"危乱的产生,往往是语言不守机密引起的。君主不守机密就使臣下受损失,臣下不守机密就使自身受损失,办事的开始不守机密就危害成功。所以君子慎守机密而不泄露言语。"孔子说道:"创作《周易》的人大概知道盗寇的事吧?《周易》(《解》卦六三)说:'背负重荷而身乘大车,必致强寇前来夺取。'背负重荷,是小人的事务;身乘大车,是君子的车具。小人却乘坐君子的车具,盗寇就思谋夺取了;上者任人轻慢而下者骄奢暴虐,盗寇就思谋侵伐了。轻忽于收藏财物就是引人为盗,妖冶其容貌姿致就是引人淫荡。《周易》说'背负重荷而身乘大车,必致强寇前来夺取',盗寇就是这样招引来的啊!"

大衍之数五十,其用四十有九。分而为二以象两,挂一以象三,揲之以四以象四时,归奇于扐以象闰;五岁再闰,故再扐而后挂。天数五,地数五,五位相得而各有合。天数二十有五,地数三十,凡天地之数五十有五。此所以成变化而行鬼神也。《乾》之策二百一十有六,《坤》之策百四十有四,凡三百有六十,当期之日。二篇之策,万有一千五百二十,当万物之数也。是故四营而成《易》,十有八变而成卦,八卦而小成。引而伸之,触类而长之,天下之能事毕矣。显道神德行,是故可与酬酢,可与祐神矣。子曰:"知变化之道者,其知神之所为乎?"

【译文】广为演绎的占筮之数是用五十根蓍策表示,其中(虚空一根不用而)实用四十九根。(把四十九策)任意分为左右两份以象征天地两仪,从中取一策悬挂(于左手小指间)以象征天地人三才,每束四策地揲算蓍策以象征四季,把(右份)揲算剩余的蓍策归附夹扐(在左手无名指间)以象征闰月,五年再出现闰月,于是再把(左份)揲算剩余的蓍策夹扐(在左手中指间)而后别起一挂反复揲算。天的数字象征有一、三、五、七、九等五个奇数,地的数字象征有二、四、六、八、十等五个偶数,五位奇偶数互相搭配而各能谐合。五个天数(相加)为二十五,五个地数(相加)为三十,天地的象征数(并加)共为五十五。这就是《周易》运用数字象征形成变化哲学而通行于阴阳鬼神之奥理的一方面特点。《乾》卦在蓍数中体现为二百十六策,《坤》卦为一百四十四策,《乾》、《坤》共计三百六十策,相当于一年三百六十天。《周易》上下经六十四卦则为一万一千五百二十策,相当于万物的数目。因此,通过(分二、挂一、揲四、归奇)这"四营"过程就筮得《周易》的卦形,其中每十八次变数形成一卦,而每九变出现的八卦之一则为小成之象。就这样朝着六十四卦引申推广,触逢相应的事类则增长发挥其象征意义,天下所能取法阐明的事理就赅尽无遗了。《周易》能彰显出幽隐的道理,能神奇地玉成令德美行,所以运用《易》理可以应对万物之求,可以祐助神化之功。孔子说:"通晓变化道理的人,大概知道神妙的自然规律吧?"

《易》有圣人之道四焉:以言者尚其辞,以动者尚其变,以制器者尚其象,以卜筮者尚其占。是以君子将有为也,将有行也,问焉而以言,其受命也如向,无有远近幽深,遂知来物。非天下之至精,其孰能与于此?参伍以变,错综其数:通其变,遂成天地之文;极其数,遂定天下之象。非天下之至变,其孰能与于此?《易》无思也,无为也,寂然不动,感而遂通天下之故。非天下之至神,其孰能与于此?夫《易》,圣人之所以极深而研几也。唯深也,故能通天下之志;唯几也,故能成天下之务;唯神也,故不疾而速,不行而至。子曰"《易》有圣人之道四焉"者,此之谓也。

【译文】《周易》含有圣人常用的道理四方面:用来指导言论的人崇尚其文辞精义,用来指导行动的人崇尚其变化规律,用来指导制作器物的人崇尚其卦爻象征,用来指导卜问决疑的人崇尚其占筮原理。所以君子将有所作为,有所行动之时,用《周易》揲蓍占问而据以发言行事,《周易》就能如响应声地承受占筮者的蓍命,不论遥远、切近还是幽隐、深邃的事情,都能推知将来的物状事态。若不是通晓天下极为精深的道理,谁能做到这样?三番五次地变化研求,错综往复地推衍蓍数:会通其变化,就能形成天地的文采;穷究其蓍数,就能判定天下的物象。若不是通晓天下极为复杂的变化,谁能做到这样?《周易》的道理不是冥思苦想而来的,是自然无为所得,它寂然不动,根据阴阳交感相应的原理就能会通天下万事。若不是通晓天下极为神妙的规律,谁能做到这样?《周易》,是圣人用来穷究幽深事理而探研细微征象的书。只有穷究幽深事理,才能会通天下的心志;只有探研细微征象,才能成就天下的事务;只有神奇地贯通《易》道,才能不须急疾而万事速成,不须行动而万理自至。孔子称"《周易》含有圣人常用的道理四方面",说的正是上述意思。

天一、地二,天三、地四,天五、地六,天七、地八,天九、地十。子曰:"夫《易》何为者也?夫《易》开物成务,冒天下之道,如斯而已者也。"是故圣人以通天下之志,以定天下之业,以断天下之疑。是故蓍之德圆而神,卦之德方以知,六爻之义易以贡。圣人以此洗心,退藏于密,吉凶与民同患;神以知来,知以藏往。其孰能与此哉? 古之聪明睿知,神武而不杀者夫。是以明于天之道,而察于民之故,是兴神物以前民用。圣人以此齐戒,以神明其德夫。是故阖户谓之坤,辟户谓之乾,一阖一辟谓之变,往来不穷谓之通;见乃谓之象,形乃谓之器,制而用之谓之法,利用出入,民咸用之谓之神。是故《易》有太极,是生两仪,两仪生四象,四象生八卦,八卦定吉凶,吉凶生大业。是故法象莫大乎天地;变通莫大乎四时;县象著明莫大乎日月;崇高莫大乎富贵;备物致用,立成器以为天下利,莫大乎圣人;探赜索隐,钩深致远,以定天下之吉凶,成天下之亹亹者,莫大乎蓍龟。是故天生神物,圣人则之;天地变化,圣人效之;天垂象,见吉凶,圣人象之;河出图,洛出书,圣人则之。《易》有四象,所以示也;系辞焉,所以告也;定之以吉凶,所以断也。

【译文】天数一、地数二,天数三、地数四,天数五、地数六,天数七、地数八,天数九、地数十。孔子说:"《周易》为什么取这些天地数呢? 这是圣人(探研数理、创造筮法用来)开启物智、成就事务,包容天下的道理,不过如此罢了。"所以圣人用《周易》的理论会通天下的心志,确定天下的事业,决断天下的疑难。因此蓍数的性质圆通而神奇,卦体的性质方正而明智,六爻的意义通过变化而告人吉凶。圣人用此洗濯净化其心,退而隐密深藏其功用(潜化万物),吉凶之事与百姓同所忧患;神奇而能推知未来的情状,明智而又含藏往昔的哲理。一般人谁能做到这样啊? 只有古代聪明睿智,神武而不用刑杀的君主才能如此。所以能够明确天的道理,察知百姓的事状,于是兴起神妙的蓍占之物引导百姓使用(以避凶趋吉)。圣人用《周易》修齐警戒,正是为了神妙地显明其道德吧。所以(《周易》体现着阴阳变化生息的道理),譬如关闭门户(包藏万物)叫作坤,打开门户(吐生万物)叫作乾,一闭一开(的交感勾联)叫作变化,来来往往地变化无穷叫作会通;变化的情状有所显现叫作表象,变化成为形体叫作器物,制造器物以供人使用叫作仿效,器物利于反复使用、百姓都在运用它(却不知其来历)叫作神奇。所以《周易》创作之先有(混沌未分的)太极,太极产生(天地阴阳)两仪,两仪产生(太阳、太阴、少阳、少阴)四象,四象产生(天地雷风水火山泽)八卦;八卦(的变化推衍可以)判定吉凶,判定吉凶就产生盛大的事业。所以仿效自然没有比天和地更大的;变化会通没有比一年四季更大的;高悬表象显示光明没有比太阳月亮更大的;尊崇高尚没有比富豪荣贵更大的;备置实物让人使用,创成器具来便利天下,没有比圣人更大的;窥探求索幽隐难见之理,钩取招致深处远方之物,来判定天下的吉凶,助成天下勤勉不懈的功业,没有比蓍占龟卜更大的。所以天生出神奇的蓍草和灵龟,圣人取法它(创立卜筮);天地出现四季变化,圣人仿效它(制定刑赏条令);天上垂悬日月星辰等表象,显示吉凶的征兆,圣人模拟它(造出测天仪器);黄河出现龙图,洛水出现龟书,圣人取法它(撰制八卦、九畴)。《周易》有(太阳、太阴、少阳、少阴)四象,是用来显示(变动征兆);在卦下撰系文辞,是用来告诉人(变化情状);文辞中确定吉凶的占语,是用来判断(行事得失)。

《易》曰:"自天祐之,吉无不利。"子曰:"祐者,助也。

天之所助者,顺也;人之所助者,信也。履信思乎顺,又以
尚贤也,是以'自天祐之,吉无不利'也。"子曰:"书不尽
言,言不尽意。"然则圣人之意其不可见乎? 子曰:"圣人
立象以尽意,设卦以尽情伪,系辞焉以尽其言,变而通之
以尽利,鼓之舞之以尽神。"乾坤,其《易》之缊邪? 乾坤成
列,而《易》立乎其中矣;乾坤毁,则无以见《易》;《易》不可
见,则乾坤或几乎息矣。是故形而上者谓之道,形而下者
谓之器,化而裁之谓之变,推而行之谓之通,举而错之天
下之民谓之事业。是故夫象,圣人有以见天下之赜,而拟
诸其形容,象其物宜,是故谓之象。圣人有以见天下之
动,而观其会通,以行其典礼,系辞焉以断其吉凶,是故谓
之爻。极天下之赜者存乎卦;鼓天下之动者存乎辞;化而
裁之存乎变;推而行之存乎通;神而明之存乎其人;默而
成之,不言而信,存乎德行。

【译文】《周易》(《大有》上九)说:"从上天降下祐助,吉祥而
无所不利。"孔子解释说:"祐助,就是帮助的意思。天所帮助的
人,是顺从正道的;人所帮助的人,是笃守诚信的。能够践履诚
信而时时考虑顺从正道,又能尊尚贤人,所以'从上天降下祐助,
吉祥而无所不利'。"孔子说:"书面文字不能完全表达作者的语
言,语言不能完全表达人的思想。"那么,圣人的思想难道无法体
现了吗? 孔子又说:"圣人创立象征来尽行表达他的思想,设制
六十四卦来尽行反映万物的真情和虚伪,在卦下撰系文辞来尽
行表达他的语言,又变化会通(三百八十四爻)来尽行施利于万
物,于是就能鼓励推动天下来尽行发挥《周易》的神奇道理。"乾

坤两卦,应当是《周易》的精蕴吧? 乾坤创成而分列上下,《周易》
就确立于其中了;要是乾坤的象征毁灭,就不可能出现《周易》;
《周易》不能出现,乾坤化育的道理差不多要止息了。所以居于
形体之上的(精神因素)叫作"道",居于形体以下的(物质状态)
叫作"器",两者的作用,导致事物交感化育而互为裁节叫作
"变",顺沿变化推广而旁行叫作"通",将这些道理交给天下百姓
使用叫作"事业"。因此,所谓"象",是圣人发现天下幽深难见的
道理,把它譬拟成具体的形象容貌,用来象征特定事物适宜的意
义,所以称作"象"。圣人发现天下万物运动不息,观察其中的会
合变通,以利于施行典法礼仪,并(在六十四卦三百八十四爻下)
撰系文辞来判断事物变动的吉凶,所以称作"爻"。穷极天下幽
深难见道理的在于卦形的象征;鼓舞天下奋动振作的在于卦爻
辞的精义;促使万物交相感化而互为裁节的在于变动;让万物顺
沿变化推广而旁行的在于会通;使《周易》的道理神奇而显明的,
在于运用《周易》的人;(学《易》的人)默然潜修而有所成就,不须
言辞而能取信于人,在于美好的道德品行。

【总论】《系辞传》分为上下篇,《正义》引何氏云:"上篇明'无',故曰
'《易》有太极',太极即'无'也。又云'圣人以此洗心,退藏于密',是其
'无'也。下篇明'几',从无入有,故云'知几其神乎'。"这是一种说法。又
引或说:"以上篇论《易》之大理,下篇论《易》之小理。"这是以一种说法。
孔颖达已驳"大小理"之说"事必不通",认为只是"以简编重大,是以分之"
(《正义》);朱熹也说:"以其通论一经之大体凡例,故无经可附,而自分上
下。"(《本义》)孔、朱之说似可从。

上传十二章,始于"乾坤易简",终于学《易》"存乎德行",每章大略都
侧重某一角度抒论。从整体看,其内容正如朱熹所云:"或言造化以及

《易》，或言《易》以及造化。不出此理。"(《朱子语类》)用今天的话说，就是把《易》理同自然界的发展规律结合起来探讨，以体现作者的哲学观点。这是《系辞传》上下篇的通例。

系 辞 下 传

八卦成列,象在其中矣;因而重之,爻在其中矣;刚柔相推,变在其中矣;系辞焉而命之,动在其中矣。吉凶悔吝者,生乎动者也;刚柔者,立本者也;变通者,趣时者也。吉凶者,贞胜者也;天地之道,贞观者也;日月之道,贞明者也;天下之动,贞夫一者也。夫乾,确然示人易矣;夫坤,隤然示人简矣。爻也者,效此者也;象也者,像此者也。爻象动乎内,吉凶见乎外;功业见乎变,圣人之情见乎辞。天地之大德曰生,圣人之大宝曰位。何以守位?曰仁。何以聚人?曰财。理财正辞、禁民为非曰义。

【译文】八卦创成而分列其位,万物的象征就都在其中了;根据八卦重成六十四卦,三百八十四爻就都在其中了;刚爻柔爻相互推移,变化的道理就都在其中了;在卦爻下撰系文辞而告明吉凶,适时变动的规律就都在其中了。"吉"、"凶"、"悔"、"吝",产生于变动;阳刚阴柔,是确立一卦的根本;变化会通,是趋向合宜的时机。吉凶的规律,说明守正就能获胜;天地的道理,说明守正就被人瞻仰;日月的道理,说明守正就焕发光明;天下的变动,说明万物都应当专一守正。乾的特征,坚确刚健而以平易显示于人;坤的特征,陬弱柔顺而以简约显示于人。爻,就是仿效此物的变动;象,就是模拟此物的情态。爻和象发动于卦内,吉和凶体现于卦外;功绩事业的兴起体现于变动,圣人的意旨体现于卦爻辞。天地的宏大德泽是"化生",圣人的重大珍宝是"盛位"。用什么来守持盛位? 用"仁人"。用什么来聚集仁人? 用"财物"。管理财物端正言辞而禁止百姓为非乱法就是"合义"。

古者包牺氏之王天下也,仰则观象于天,俯则观法于地,观鸟兽之文,与地之宜,近取诸身,远取诸物,于是始作八卦,以通神明之德,以类万物之情。作结绳而为罔罟,以佃以渔,盖取诸《离》。包牺氏没,神农氏作,斲木为耜,揉木为耒,耒耨之利,以教天下,盖取诸《益》。日中为市,致天下之民,聚天下之货,交易而退,各得其所,盖取诸《噬嗑》。神农氏没,黄帝、尧、舜氏作,通其变,使民不倦;神而化之,使民宜之。《易》穷则变,变则通,通则久,是以"自天祐之,吉无不利"。黄帝、尧、舜垂衣裳而天下治,盖取诸《乾》、《坤》。刳木为舟,剡木为楫,舟楫之利以济不通,致远以利天下,盖取诸《涣》。服牛乘马,引重致远,以利天下,盖取诸《随》。重门击柝,以待暴客,盖取诸《豫》。断木为杵,掘地为臼,臼杵之利,万民以济,盖取诸《小过》。弦木为弧,剡木为矢,弧矢之利,以威天下,盖取诸《睽》。上古穴居而野处,后世圣人易之以宫室,上栋下宇,以待风雨,盖取诸《大壮》。古之葬者,厚衣之以薪,葬之中野,不封不树,丧期无数,后世圣人易之以棺椁,盖取诸《大过》。上古结绳而治,后世圣人易之以书契,百官以治,万民以察,盖取诸《夬》。

【译文】古时候伏牺氏治理天下,他抬头观察天上的表象,俯身观察大地的形状,观察飞禽走兽身上的纹理,以及适宜存在于地上的种种事物,从近处援取人的一身作象征,从远处援取各类物形作象征,于是才创作了八卦,用来贯通神奇光明的德性,用来类归天下万物的情态。(伏牺氏)发明了编结绳子的方法而制成罗网,用来围猎捕鱼,大概是吸取了《离》卦(网目相连而物能附丽)的象征吧。伏牺氏去世,神农氏继起。他砍削树木制成耒耜的耜头,揉弯木干制成耒耜的曲柄,这种翻土耘田农具的好处,可以用来教导天下(百姓耕作),这大概是吸取了《益》卦(木体能入而下动)的象征吧。又规定中午为墟市时间,招致天下的百姓,聚集天下的货物,交换贸易然后归去,各人都获得所需的物品,这大概是吸取了《噬嗑》卦(上光明下兴动而交往相合)的象征吧。神农氏去世,黄帝、尧、舜先后继起。他们会通过改变前代的器用、制度,使百姓进取不懈;(在实践中)神奇地变化,使百姓应用适宜。《周易》的道理是穷极就出现变化,变化就能畅通,畅通就可以长久,所以能够(像《大有》上九所说的)"从上天降下祐助,吉祥而无所不利"。黄帝、尧、舜改进服制让人们穿着长垂的衣裳而天下大治,这大概是吸取了《乾》、《坤》两卦(上衣下裳)的象征吧。他们挖空树木成为船只,削制木材成为桨楫,船只桨楫的好处,可以用来济渡难以通行的江河,就能直达远方而便利天下,这大概是吸取了《涣》卦(木在水上而流行如风)的象征吧。他们驾御牛、乘坐马,拖运重物、直达远方,用来便利天下,这大概是吸取了《随》卦(下能运动而上者欣悦)的象征吧。

他们设置多重屋门而夜间敲梆警戒,以防备暴徒强寇,这大概是吸取了《豫》卦(设双门敲小木而为豫备)的象征吧。他们斫断木头作为捣杵,挖掘地面作成捣臼,捣臼、捣杵的好处,万民可以用来舂米为食,这大概是吸取了《小过》卦(上动下止)的象征吧。他们弯曲木条并在两端牵系弦绳作为弓弧,削尖树枝作为箭矢,弓箭的好处,可以用来威服天下,这大概是吸取了《睽》卦(事物乖睽而用威制服)的象征吧。远古的人居住在洞穴而散处在野外,后代的圣人制造房屋改变了过去的居住方式,上有栋梁下有檐宇,用来防备风雨,这大概是吸取了《大壮》卦(上动下健而大为壮固)的象征吧。古时候丧葬的办法,只用柴草厚厚地裹缠死者的遗体,埋在荒野之间,不堆坟墓也不植树木,没有限定的居丧期数,后代圣人发明棺椁改变了过去的丧葬习俗,这大概是吸取了《大过》卦(大事不妨过厚)的象征吧。远古的人系结绳子作标记来处理事务,后代圣人发明契刻文字改变了过去的结绳方式,百官可以用它治理政务,万民可以用它稽察琐事,这大概是吸取了《夬》卦(断事明决)的象征吧。

是故《易》者,象也;象也者,像也。彖者,材也;爻也者,效天下之动者也。是故吉凶生而悔吝著也。

【译文】所以《周易》一书,就是象征;象征,就是模像外物(以喻意)。彖辞,是总说一卦的材德;六爻,是仿效天下万物的发生与变动。因此,(行动有得有失就)产生"吉"、"凶"而(行动小有疵病就)出现"悔"、"吝"。

阳卦多阴,阴卦多阳。其故何也?阳卦奇,阴卦耦。

其德行何也？阳一君而二民，君子之道也；阴二君而一民，小人之道也。

【译文】阳卦中阴爻居多，阴卦中阳爻居多。那是什么缘故呢？因为阳卦以一阳为主（所以阳少阴多），阴卦以二阳为主（所以阴少阳多）。两者各自说明什么德性品行呢？阳卦一个君主两个百姓（说明君为众民拥戴，上下协心），是君子之道；阴卦两个君主一个百姓（说明君长相互倾轧，下者贰心其主），是小人之道。

《易》曰："憧憧往来，朋从尔思。"子曰："天下何思何虑？天下同归而殊途，一致而百虑，天下何思何虑？日往则月来，月往则日来，日月相推而明生焉；寒往则暑来，暑往则寒来，寒暑相推而岁成焉。往者屈也，来者信也，屈信相感而利生焉。尺蠖之屈，以求信也；龙蛇之蛰，以存身也。精义入神，以致用也；利用安身，以崇德也。过此以往，未之或知也；穷神知化，德之盛也。"《易》曰："困于石，据于蒺藜，入于其宫，不见其妻，凶。"子曰："非所困而困焉，名必辱；非所据而据焉，身必危。既辱且危，死期将至，妻其可得见邪？"《易》曰："公用射隼于高墉之上，获之，无不利。"子曰："隼者，禽也；弓矢者，器也；射之者，人也。君子藏器于身，待时而动，何不利之有？动而不括，是以出而有获，语成器而动者也。"子曰："小人不耻不仁，不畏不义，不见利不劝，不威不惩。小惩而大诫，此小人之福也。《易》曰'屦校灭趾，无咎'，此之谓也。""善不积不足以成名,恶不积不足以灭身。小人以小善为无益而弗为也,以小恶为无伤而弗去也,故恶积而不可掩,罪大而不可解。《易》曰:'何校灭耳,凶。'"子曰:"危者,安其位者也;亡者,保其存者也;乱者,有其治者也。是故君子安而不忘危,存而不忘亡,治而不忘乱。是以身安而国家可保也。《易》曰:'其亡其亡,系于苞桑。'"子曰:"德薄而位尊,知小而谋大,力小而任重,鲜不及矣!《易》曰:'鼎折足,覆公餗,其形渥,凶。'言不胜其任也。"子曰:"知几其神乎?君子上交不谄,下交不渎,其知几乎!几者,动之微,吉之先见者也。君子见几而作,不俟终日,《易》曰:'介于石,不终日,贞吉。'介如石焉,宁用终日?断可识矣!君子知微知彰,知柔知刚,万夫之望。"子曰:"颜氏之子,其殆庶几乎?有不善,未尝不知;知之,未尝复行也。《易》曰:'不远复,无只悔,元吉。'""天地缊缊,万物化醇;男女构精,万物化生。《易》曰:'三人行,则损一人;一人行,则得其友。'言致一也。"子曰:"君子安其身而后动,易其心而后语,定其交而后求:君子修此三者,故全也。危以动,则民不与也;惧以语,则民不应也;无交而求,则民不与也:莫之与,则伤之者至矣。《易》曰:'莫益之,或击之,立心勿恒,凶。'"

【译文】《周易》(《咸》九四)说:"心意不定而频频往来,友朋终究顺从你的思念。"孔子解释说:"天下事何必思念,何须忧虑?天下万物(自然感应就能)沿着不同的道路走到共同的目标,使千百种思虑合并为统一的观念。天下事何必思念,何必忧虑?

譬如太阳西往就有月亮东来,月亮西往就有太阳东来,太阳月亮
交相推移而光明常生;寒季归去就有暑季前来,暑季归去就有寒
季前来,寒季暑季交相推移而年岁形成。'往'就是回缩,'来'就
是伸展,回缩和伸展交相感应而利益常生。尺蠖毛虫的回缩其
体,是为了求得伸展;巨龙长蛇的冬眠潜伏,是为了保存自身。
(学者)精研道义、深入神理,是为了进献才用;利于施用、安处其
身,是为了增崇美德。超过这种境界再往前发展,或许就未能有
所知晓了;穷极神理、通晓变化,这是美德隆盛(自然所致的)。"
《周易》(《困》六三)说:"困穷于巨石之下(石坚不可入),凭据在
蒺藜之上(棘刺不可践);即使退入自家居室(也只能茕茕独处),
见不到其配人为妻的一天,有凶险。"孔子解释说:"困穷于不妥
当的处所,其名必受损辱;凭据于不适宜的地方,其身必遭危险。
既受损辱又遭危险,灭亡的日期即将来临,哪有可能见到其配人
为妻的一天呢?"《周易》(《解》上六)说:"王公发矢射击窃据高城
上的恶隼,一举射获,无所不利。"孔子解释说:"恶隼,是禽鸟;弓
矢,是武器;发矢射击恶隼的,是人。君子身上预藏成器,等待时
机而行动,哪会有什么不利呢? 有所行动而毫无滞碍括结,所以
外出必有收获。这是说明先具备现成的器用然后再行动。"孔子
说道:"小人不知羞耻、不明仁德,不畏正理、不行道义,不看见利
益就不愿勤勉,不受到威胁就不能戒惕。受到微小惩罚而承获
重大告诫,这是小人的幸运。《周易》(《噬嗑》初九)说:'足着刑
具而伤灭脚趾,不致危害。'说的就是这一道理。"(孔子又说)"善
行不积累不足以成就美名,恶行不积累不足以灭亡其身。小人
把小善看成无所获益的事而不屑于施行,把小恶看成无伤大体
的事而不愿意除去,所以恶行积累满盈而无法掩盖,罪行发展极

大而难以解救。因此《周易》(《噬嗑》上九)说:'肩荷刑具,遭受伤灭耳朵的重惩,有凶险。'"孔子说:"凡是倾危的,都曾经逸乐安居其位;凡是灭亡的,都曾经自以为长保生存;凡是败乱的,都曾经自恃万事整治。因此君子安居而不忘倾危,生存而不忘灭亡;整治而不忘败乱,自身则可常安而国家可以永保。所以《周易》(《否》九五)说:'(心中时时自警)"将要灭亡、将要灭亡",就能像系结于丛生的桑树一样安然无恙。'"孔子说:"才德浅薄而地位尊高,智能窄小而图谋宏大,力量微弱而身任重负,这样很少有不涉及灾祸的。所以《周易》(《鼎》九四)说:'鼎器难承重荷折断其足,王公的美食全被倾覆,鼎身沾濡一派龌龊,有凶险。'正是说明力不胜任的情状。"孔子说:"能够预知几微的事理应该算达到神妙的境界了吧? 君子与上者交往不谄媚,与下者交往不渎慢,可以说是预知几微的事理吧! 几微的事理,是事物变动的微小征兆,吉凶的结局先有所隐约的显现。君子发现几微的事理就迅速行事,不等候一天终竟。所以《周易》(《豫》六二)说:'耿介如石,不等候一天终竟(就悟知愉乐必须适中的道理),守持正固可获吉祥。'既然有耿介如石的品德,岂须等候一天终竟(才领悟道理)呢? 当时就能断然明知。君子知晓隐微的前征就知晓昭著的结局,知晓阴柔的功益也知晓阳刚的效用,这是千万人所瞻望景仰的杰出人物。"孔子说:"颜渊这位贤弟子,他的道德大概接近完美了吧? 一有不善的苗头,没有不自知的;一知不善,没有再次重犯的。《周易》(《复》初九)说:'起步不远就回复正道,免致灾患、悔恨,至为吉祥。'"(孔子说)"天地二气缠绵交密,万物化育醇厚;男女阴阳交合其精,万物化育孕生。所以《周易》(《损》六三)说:'三人同行并求一阳,则损彼阳刚一人;一人独行专一求合,则得其阳刚友朋。'正是说明阴阳相求必须专心致一。"孔子说:"君子先安定其自身然后有所行动,先平和其内心然后发表言论,先确定其交往然后求益于人:君子能修美这三种德性,所以于人于己两全其益。自身倾危而急于行动,百姓就不予赞助;内心疑惧而发表言论,百姓就不予响应;无所交往而求益于人,百姓就不愿给予:没有人给他利益,于是损伤他的人就跟着来了。所以《周易》(《益》上九)说:'没有人增益他,有人攻击他,居心不常安(而贪求无厌),有凶险。'"

子曰:"乾、坤,其《易》之门邪?"乾,阳物也;坤,阴物也。阴阳合德而刚柔有体,以体天地之撰,以通神明之德。其称名也,杂而不越,于稽其类,其衰世之意邪?夫《易》,彰往而察来,而微显阐幽。开而当名辨物,正言断辞则备矣。其称名也小,其取类也大,其旨远,其辞文,其言曲而中,其事肆而隐。因贰以济民行,以明失得之报。

【译文】孔子说:"乾、坤两卦,应该是《周易》的门户吧?"乾,是阳的物象;坤,是阴的物象。阴阳德性相配合而刚柔成为形体,可以用来体察天地的撰述营为,用来贯通神奇光明的德性。《周易》卦爻辞 所称述的物名,尽管繁杂却不逾越卦爻义理;稽考卦爻辞的表述(多有忧虞警诫的)事类,或许是流露作者处在衰危之世的思想吧?《周易》,是彰著往昔的变故而察辨将来的事态,显示初微的征象而阐明幽深的道理。作《易》者开释卦爻(撰系文辞)使各卦各爻名义适当,物象明辨,而且语言周正措辞决断以至天下万理俱备。卦爻辞所称述的物名虽多细小,但所取喻的事类却十分广大,其意旨深远,其修辞颇饰文采,其语言曲折切中事理,所用典故明白显露而哲理隐奥。运用《周易》阴阳两方面的道理济助百姓的行动,可以让人们明确吉凶得失的应验。

《易》之兴也,其于中古乎?作《易》者,其有忧患乎?是故《履》,德之基也;《谦》,德之柄也;《复》,德之本也;《恒》,德之固也;《损》,德之修也;《益》,德之裕也;《困》,德之辨也;《井》,德之地也;《巽》,德之制也。《履》,和而至;《谦》,尊而光;《复》,小而辨于物;《恒》,杂而不厌;《损》,先难而后易;《益》,长裕而不设;《困》,穷而通;《井》,居其所而迁;《巽》,称而隐。《履》以和行,《谦》以制礼,《复》以自知,《恒》以一德,《损》以远害,《益》以兴利,《困》以寡怨,《井》以辩义,《巽》以行权。

【译文】《周易》的兴起,大概在殷商之末的中古时代吧?创作《周易》的人,大概心怀忧患吧?因此,《履》卦(说明小心履礼),是树立道德的初基;《谦》卦(说明行为谦虚),是施行道德的柯柄;《复》卦(说明回复正途),是遵循道德的根本;《恒》卦(说明守正有恒),是巩固道德的前提;《损》卦(说明自损不善),是修美道德的途径;《益》卦(说明施益于人),是充裕道德的方法;《困》卦(说明遭困守操),是检验道德的准绳;《井》卦(说明井养不穷),是居守道德的处所;《巽》卦(说明因顺申命),是展示道德的规范。《履》卦,教人和顺小心而行走到目的地;《谦》卦,教人要谦虚才能被尊崇而光大其德;《复》卦,教人针对微小的征兆辨析事物的善恶(及早回复正道);《恒》卦,教人在正邪相杂的环境中恒久守德而不厌倦;《损》卦,教人先为自损之难而后成获益之易;《益》卦,教人施益于人长久充裕己德而不虚设其益;《困》卦,教人在困穷时守正而求得亨通;《井》卦,教人居得安适的处所而能广为迁施惠泽;《巽》卦,教人顺势称扬号令而不自我显露。《履》卦的道理可以用来和顺小心地行走,《谦》卦的道理可以用来控制礼节,《复》卦的道理可以用来自我省知得失,《恒》卦的道理可以用来始终不移地纯一守德,《损》卦的道理可以用来自损不善、远离祸害,《益》卦的道理可以用来益人益己、广兴福利,《困》卦的道理可以用来处困守操,不怨天尤人,《井》卦的道理可以用来广养万物、辨明道义,《巽》卦的道理可以用来顺势利导、行使权力。

《易》之为书也,不可远。为道也屡迁,变动不居,周流六虚,上下无常,刚柔相易,不可为典要,唯变所适。其出入以度,外内使知惧。又明于忧患与故,无有师保,如临父母。初率其辞,而揆其方,既有典常。苟非其人,道不虚行。

【译文】《周易》这部书(包含人生处世的哲学),不可须臾远离。它所体现的道理在于屡屡推迁,变化运行而不居止,周遍流动于各卦六爻之间,上下往来没有定准,阳刚阴柔相互更易,不可执求于典常纲要,只有变化才是它趋赴的方向。(《周易》的道理可以启发人)当出入行藏之际多加考虑遵守法则或度数,使人处内外隐显之时知晓惕惧得失。又可以使人深明将来的忧患和往昔的事态,虽然没有师保的监护,却好像面临父母的教诲。处事之初遵循《周易》卦爻辞的意旨,揆度行动的方式,就掌握了(适应事物变化的)经常可行的规律。假如没有贤明的人研探阐述,《周易》的道理就难以凭空推行。

《易》之为书也,原始要终以为质也。六爻相杂,唯其时物也。其初难知,其上易知:本末也,初辞拟之,卒成之终。若夫杂物撰德,辩是与非,则非其中爻不备。噫!亦要存亡吉凶,则居可知矣。知者观其彖辞,则思过半矣。二与四同功而异位,其善不同;二多誉,四多惧,近也。柔之为道,不利远者;其要无咎,其用柔中也。三与五同功而异位:三多凶,五多功,贵贱之等也。其柔危,其刚胜邪?

【译文】《周易》这部书,以推原事物的初始、归纳事物的结局而形成卦体大义。各卦六爻相互错杂,只是反映特定的时宜和阴阳物象。初爻的意义较难理解,上爻的意义容易理解:因为前者是本始,后者是末尾,初爻的爻辞拟议事物产生的端绪,到了上爻事物发展完结而卦义最终形成。至于错杂各种物象而撰述阴阳德性,辨识是非吉凶,要是撇开中间四爻那就无法全面理解。是啊!(明白了中四爻的意义)也就大致把握了存亡吉凶的规律,即使平居无为也能知晓事理。明智的人只要观察研析卦辞,就把全卦大义多半领悟了。第二爻和第四爻同具阴柔的功能而各居上下卦不同之位,两者象征的利害得失也不相同:第二爻(处下居中)多获美誉,第四爻(处上居下)多含惕惧,因为靠近君位。阴柔的道理,不利于有远大作为;其要旨在于慎求“无咎”,其功用在于柔和守中。第三爻和第五爻同具阳刚的功能而各居上下卦不同之位:第三爻(处下卦之极)多有凶危,第五爻(处尊居中)多见功勋,这是上下贵贱的等差所致。大略说来,若阴柔(处三、五阳位),就有危患,若阳刚(处三、五阳位),就能胜任吧?

《易》之为书也,广大悉备:有天道焉,有人道焉,有地道焉。兼三才而两之,故六;六者,非它也,三才之道也。道有变动,故曰爻;爻有等,故曰物;物相杂,故曰文;文不当,故吉凶生焉。

【译文】《周易》这部书,道理广大周备:含有天的道理,人的道理,地的道理。兼合(三画的八卦符号中)天地人的象征而每两卦相重,就出现了六画的卦;六画,没有别的意思,正是象征天地人的道理。《周易》的道理在于变化运动,仿效变动的情状就叫六爻;六爻各有上下等次,就叫作物象;阴阳物象相互错杂,就叫作文理;文理有的适当、有的不适当,所以吉凶就产生了。

《易》之兴也,其当殷之末世,周之盛德邪?当文王与纣之事邪?是故其辞危。危者使平,易者使倾;其道甚大,百物不废。惧以终始,其要无咎,此之谓《易》之道也。

【译文】《周易》的兴起,大概是在殷朝末年,周文王德业正隆盛的时候吧?大概在文王臣事殷纣期间吧。因此卦爻辞多含警戒危惧的意义。知所畏惧可以使人平安,掉以轻心必将导致倾覆;其中的道理至为宏大,各种事物赖以长生不废。自始至终保持惕惧,其要旨归于慎求"无咎",这就叫作《周易》的道理。

夫乾,天下之至健也,德行恒易以知险;夫坤,天下之至顺也,德行恒简以知阻。能说诸心,能研诸侯之虑,定天下之吉凶,成天下之亹亹者。是故变化云为,吉事有祥;象事知器,占事知来。天地设位,圣人成能;人谋鬼谋,百姓与能。八卦以象告,爻彖以情言;刚柔杂居,而吉凶可见矣。变动以利言,吉凶以情迁;是故爱恶相攻而吉凶生,远近相取而悔吝生,情伪相感而利害生。凡《易》之情,近而不相得则凶;或害之,悔且吝。将叛者其辞惭,中心疑者其辞枝,吉人之辞寡,躁人之辞多,诬善之人其辞游,失其守者其辞屈。

【译文】乾,是天下最为刚健的象征,表现的德性行为是恒久平易而能知晓艰险所在;坤,是天下最为柔顺的象征,表现的德性行为是恒久简约而能知晓难阻。(领会知险知阻的德行)能够使人心情欢悦,研磨思虑,并能判定天下万事吉凶得失,促成天下万物勤勉奋发。因此,遵循《周易》的变化规律而有所作为,是为了使吉祥的事物有以呈现;乃至观察所拟取的物象就能明白器用的形成,占问眼前的事理就能推知将来的应验。天地设立了刚柔尊卑的位置,圣人依此创成《周易》广施功用;于是人的谋虑沟通了鬼神的谋虑,连寻常百姓也能掌握《周易》的功用。八卦用卦形象征来表示哲理,卦爻辞拟取事物的具体情态来陈述卦义;六爻阴阳刚柔交错居位,吉凶的道理就可以显现出来。各爻变化运动得当与否用"利"或"不利"来表达,结局是吉是凶依据拟喻的事物情态而推移。所以事物或相爱相求、或相恶相敌而吉与凶就在这类矛盾中产生,远近或相应、或亲比而取舍不当则悔恨憾惜就由此产生,或以真情相感、或以虚伪相感而利与害就由此产生。凡是《周易》各爻所拟喻的事物情态,两相比近而互不相得就有凶险;或者遭受外来的伤害,也难免悔恨和憾惜。(《周易》)拟喻的事物情态,正如现实中人的情态一样各不相同,譬如将要违叛的人其言辞必然惭愧不安,内心疑惑的人其言辞必然散乱无章,贤美吉善的人其言辞必然少而精粹,焦躁竞进的人其言辞必然多而繁杂,诬陷善良的人其言辞必然虚漫浮游,疏失职守的人其言辞必然亏屈不展。

【总论】《系辞下传》十二章,始于"八卦"、"吉凶"要义的分析,终于"象理"、"辞情"特征的概括。与上篇一样,下篇诸章各自侧重于某一角度抒论,而章与章之间又有一定联系;至其内容,均不离阐明"《易》道",揭示哲理的主旨。

合上下篇而论,《系辞传》的基本价值大略有两方面:

第一,对《周易》的诸多内容作了较为全面、可取的辨析、阐发,有助于后人理解八卦、六十四卦及卦爻辞的大义。其中有对《周易》作者、成书年代的推测,有对《周易》"观物取象"创作方法的论述;或辨阴阳之理,或释八卦之象,或疏解乾坤要旨,或展示《易》筮略例;同时穿插解说某些卦爻辞的深义,远引上古史迹,近取日常现象,尽行表述了作者的《易》学观点。从这一方面看,《系辞传》实可称为一篇早期的、颇有系统的《易》义通论。

第二,在阐释《易》理的同时,作者广泛表达了自己的哲学思想,尤其是披露了一定的唯物观和辩证法的认识。其中较为突出的如关于宇宙万物生于阴阳二气的看法,关于事物的发展"穷则变,变则通,通则久"的观点,以及贯穿整个《系辞传》的关于遵循变化规律、促进事物更新进展的积极进取倾向,均在中国哲学史上产生过重大影响,乃至成为今天研究古代哲学的重要资料。从这一方面看,《系辞传》又可称为一篇内涵丰富、体现着古人宇宙观、认识论的哲学专著。

至于《系辞传》中必须扬弃的某些内容,也不宜忽视。诸如"天人感应"论、"筮理"神秘说之类,并属此例,读者应当明于鉴别,知所去取。

若综合上述两端细为辨识,还应当看到,尽管作者在解《易》过程中阐发了各方面的哲学见解,但其主旨又无不归趋于《易》理范畴。换言之,从创作宗旨这一角度认识,《系辞传》旨在发《易》义之深微,示读《易》之范例。朱熹曰:"熟读六十四卦,则觉得《系辞》之语甚为精密,是《易》之括例。"(《折中》引《朱子语类》)此说尽赅《系辞传》作为"经"之"翼"的根本功用。

此外,《系辞传》在流传过程中,似亦存在错简或被增删改易的现象。朱熹注《下系》第六章曰:"多阙文疑字,不可尽通。后皆放此。"(《本义》)即对文义提出存疑的看法。据近年出土的西汉马王堆帛书《周易》,其《系辞传》分上下篇,但与通行本有异,主要见于:帛书上篇包括通行本《系辞上传》第一至七章,九至十二章,及《系辞下传》第一至三章,第四章大部分,第七章后面数句("若夫杂物撰德"以下数句),第九章;下篇包括通行本《系辞》所无的部分约二千一百字,通行本《说卦》的前三节,通行本《系辞下传》第五、六章,第七章前面部分("若夫杂物撰德"以前部分),第八章。(参阅于豪亮《帛书周易》,载《文物》一九八四年第三期)可见,帛书《系辞传》虽亦分上下篇,但简次不同于通行本,字数也颇有多出。两者之间,何本近古,何本精善,尚待学术界进一步考订、证实。

卷十

说 卦 传

　　昔者圣人之作《易》也,幽赞于神明而生蓍,参天两地而倚数,观变于阴阳而立卦,发挥于刚柔而生爻,和顺于道德而理于义,穷理尽性以至于命。

　　【译文】从前圣人创作《周易》的时候,凭着精深的智虑赞祝神奇光明的造化而创造出用蓍草来揲筮的方法,于是采取天的"三"数和地的"两"数而建立阴阳奇耦数的象征(来配合蓍占),并且观察天地阴阳的变化规律而演算成立卦形,发动挥散卦中刚柔两画而产生各爻的变迁,然后和协顺成其道德而运用合宜的方法治理天下,又能穷极奥理,尽究万物的性质以至于通晓自然命运。

　　昔者圣人之作《易》也,将以顺性命之理。是以立天之道曰阴与阳,立地之道曰柔与刚,立人之道曰仁与义。

兼三才而两之,故《易》六画而成卦;分阴分阳,迭用柔刚,
故《易》六位而成章。

【译文】从前圣人创作《周易》的时候,是要用它来顺合万物
的性质和自然命运的变化规律。所以确立天的道理有"阴"和
"阳"两方面,确立地的道理有"柔"和"刚"两方面,确立人的道理
有"仁"和"义"两方面。(作《易》者)兼合(三画的八卦符号中)天
地人的象征而每两卦相重,所以《周易》的卦体必须具备六画才
形成一卦;六画又分阴位阳位,更迭运用柔爻刚爻来布居,所以
《周易》的卦体必须具备六位才蔚成章理。

天地定位,山泽通气,雷风相薄,水火不相射;八卦相
错。数往者顺,知来者逆,是故《易》逆数也。

【译文】天地设定上下配合的位置,山泽一高一低交流沟通
气息,雷风各自与动交相潜入应和,水火异性不相厌弃而相资
助:八卦就是这样(既对立又统一地)互相错杂。(掌握这种对
立统一的运动规律),欲明过去的事理可以顺着推算,欲晓将来
的事理可以逆着推知(将来的事理隐奥难测),所以《周易》的主
要功用是逆推来事。

雷以动之,风以散之;雨以润之,日以烜之;艮以止
之,兑以说之;乾以君之,坤以藏之。

【译文】(震为)雷用来振奋鼓动万物,(巽为)风用来散布流
通万物;(坎为)雨水用来滋润万物,(离为)太阳用来干燥万物;
艮(为山)用来抑止万物,兑(为泽)用来欣悦万物;乾(为天)用来
君临万物,坤(为地)用来储藏万物。

帝出乎震,齐乎巽,相见乎离,致役乎坤,说言乎兑,战乎乾,劳乎坎,成言乎艮。万物出乎震,震东方也。齐乎巽,巽东南也;齐也者,言万物之絜齐也。离也者,明也,万物皆相见,南方之卦也;圣人南面而听天下,向明而治,盖取诸此也。坤也者,地也,万物皆致养焉,故曰致役乎坤。兑,正秋也,万物之所说也,故曰说言乎兑。战乎乾,乾西北之卦也,言阴阳相薄也。坎者,水也,正北方之卦也,劳卦也,万物之所归也,故曰劳乎坎。艮东北之卦也,万物之所成终而所成始也,故曰成言乎艮。

【译文】主宰大自然生机的元气使万物出生于(象征东方和春分的)震,生长整齐于(象征东南和立夏的)巽,纷相显现于(象征南方和夏至的)离,致力用事于(象征西南和立秋的)坤,成熟欣悦于(象征西方和秋分的)兑,交配结合于(象征西北和立冬的)乾,勤劬劳倦于(象征北方和冬至的)坎,最后成功而又重新萌生于(象征东北和立春的)艮。万物出生于震,因为震卦是象征(万物由以萌生的)东方。生长整齐于巽,因为巽卦是象征(万物和顺生长的)东南方;生长整齐,是说万物的生长状态整洁一致。离卦是光明的象征,万物都旺盛而纷相显现,这是代表南方的卦;圣人坐北朝南而听政于天下,面向光明而治理事务,大概是吸取了这一卦的象征吧。坤卦,是地的象征,万物都致力养育于大地,所以说致力用事于坤。兑卦,象征正秋时节,万物成熟欣悦于此时,所以说成熟欣悦于兑。交配结合于乾,乾卦是象征西北(阴方)的卦,说明阴阳于此交相潜入应和。坎卦,是水的象征,是代表正北方的卦,又是代表勤劬劳倦的卦,万物劳倦必当归藏休息,所以说勤劬劳倦于坎。艮卦是象征东北(终而复始之位)的卦,万物于此成就其终而更发其始,所以说最后成功而又重新萌生于艮。

神也者,妙万物而为言者也。动万物者莫疾乎雷,桡万物者莫疾乎风,燥万物者莫熯乎火,说万物者莫说乎泽,润万物者莫润乎水,终万物始万物者莫盛乎艮。故水火相逮,雷风不相悖,山泽通气,然后能变化既成万物也。

【译文】所谓大自然的神奇造化,是说它在于能够奇妙地化育万物。鼓动万物者没有比雷更迅猛的,吹拂万物者没有比风更疾速的,干燥万物者没有比火更炎热的,欣悦万物者没有比泽更和悦的,滋润万物者没有比水更湿润的,最终成就万物又重新萌生万物者没有比艮更美盛的。所以水火异性而相互济及,雷风异动而不相违逆,山泽异处而流通气息,然后自然界才能变动运化而形成万物。

乾,健也;坤,顺也;震,动也;巽,入也;坎,陷也;离,丽也;艮,止也;兑,说也。

【译文】乾,表示强健;坤,表示温顺;震,表示奋动;巽,表示潜入;坎,表示险陷;离,表示附丽;艮,表示静止;兑,表示欣悦。

乾为马,坤为牛,震为龙,巽为鸡,坎为豕,离为雉,艮为狗,兑为羊。

【译文】乾为马象,坤为牛象,震为龙象,巽为鸡象,坎为猪象,离为雉鸟象,艮为狗象,兑为羊象。

乾为首,坤为腹,震为足,巽为股,坎为耳,离为目,艮为手,兑为口。

【译文】乾为头象,坤为腹象,震为足象,巽为大腿象,坎为耳象,离为目象,艮为手象,兑为口象。

乾,天也,故称乎父;坤,地也,故称乎母;震一索而得男,故谓之长男;巽一索而得女,故谓之长女;坎再索而得男,故谓之中男;离再索而得女,故谓之中女;艮三索而得男,故谓之少男;兑三索而得女,故谓之少女。

【译文】乾,是天的象征,所以称作父;坤,是地的象征,所以称作母;(父母阴阳互求,阳求合于阴得男,阴求合于阳得女。)震是初次求合所得的男性,所以叫作长男;巽是初次求合所得的女性,所以叫作长女;坎是再次求合所得的男性,所以叫作中男;离是再次求合所得的女性,所以叫作中女;艮是三次求合所得的男性,所以叫作少男;兑是三次求合所得的女性,所以叫作少女。

乾为天,为圜,为君,为父,为玉,为金,为寒,为冰,为大赤,为良马,为老马,为瘠马,为驳马,为木果。

坤为地,为母,为布,为釜,为吝啬,为均,为子母牛,为大舆,为文,为众,为柄,其于地也为黑。

震为雷,为龙,为玄黄,为旉,为大涂,为长子,为决躁,为苍筤竹,为萑苇,其于马也为善鸣,为馵足,为作足,为的颡,其于稼也为反生,其究为健,为蕃鲜。

巽为木,为风,为长女,为绳直,为工,为白,为长,为高,为进退,为不果,为臭,其于人也为寡发,为广颡,为多白眼,为近利市三倍,其究为躁卦。

坎为水,为沟渎,为隐伏,为矫輮,为弓轮,其于人也为加忧,为心病,为耳痛,为血卦,为赤,其于马也为美脊,为亟心,为下首,为薄蹄,为曳,其于舆也为多眚,为通,为月,为盗,其于木也为坚多心。

离为火,为日,为电,为中女,为甲胄,为戈兵,其于人也为大腹,为乾卦,为鳖,为蟹,为蠃,为蚌,为龟,其于木也为科上槁。

艮为山,为径路,为小石,为门阙,为果蓏,为阍寺,为指,为狗,为鼠,为黔喙之属,其于木也为坚多节。

兑为泽,为少女,为巫,为口舌,为毁折,为附决,其于地也为刚卤,为妾,为羊。

【译文】乾为天象,为圆圜象,为君主象,为父象,为玉象,为金象,为寒象,为冰象,为大红颜色象,为良马象,为老马象,为瘦马象,为驳马象,为树木果实象。

坤为地象,为母象,为钱币流布之象,为锅釜象,为吝啬象,为平均象,为子牛母牛象,为大车象,为文采章理象,为众多象,为柯柄象,对于地来说为黑色土壤之象。

震为雷象,为龙象,为青黄颜色交杂之象,为花朵象,为宽阔大路象,为长子象,为刚决躁动象,为青嫩幼竹象,为萑苇象,对于马来说为擅长鸣啸的马象,为后左足长白毛的马象,为前两足腾举的马象,为额首斑白的马象,对于禾稼来说为顶着种子的甲壳萌生之象,此卦发展至极则化为刚健之象,为草木繁育鲜明之象。

巽为树木象,为风象,为长女象,为笔直的准绳象,为工巧象,为白色象,为长象,为高象,为抉择进退之象,为迟疑不决之象,为气味象,对于人来说为头发稀少象,为额首宽广象,为多以白眼视人之象,为亲近于利而购物必获三倍利益者之象,此卦发展至极则化为急躁卦。

坎为水象,为沟洼渎泊象,为隐伏象,为矫辅屈曲象,为弯弓转轮象,为深加忧虑象,为内心患病象,为耳中疾痛象,为鲜血卦,为赤色象,对于马来说为脊背美丽的马象,为内心焦急的马象,为头部下垂的马象,为脚蹄频频踢地的马象,为艰难拖曳的马象,对于车辆来说为多灾多难的车象,为通行象,为月亮象,为盗寇象,对于树木来说为坚硬而多生小刺之象。

离为火象,为太阳象,为闪电象,为中女象,为护身甲胄象,为戈矛兵器象,对于人来说为妇女大腹怀孕象,为干燥卦,为鳖象,为蟹象,为螺象,为龟象,对于树木来说为柯干中空上部枯槁之象。

艮为山象,为斜径小路象,为小石象,为崇门高阙象,为果蓏象,为阍人寺人象,为手指象,为狗象,为鼠象,为黑嘴刚猛的禽类象,对于树木来说为坚硬而多生节纽之象。

兑为泽象,为少女象,为巫师象,为口舌象,为毁灭摧折象,为附从决断象,对于地来说为土壤刚硬不生植物之象,为妾象,为羊象。

【总论】《说卦传》十一章,先追溯《周易》的创作者用"蓍"衍卦的历史;再申言八卦的两种方位;然后集中说明八卦的取象特点,强调八种基本物象及象征意义,并广引众多象例,是今天探讨《易》象的产生及推展的重要资料。

《晋书·束皙传》:"《汲冢竹书》有《卦下易经》一篇,似《说卦》而异。"近年出土的马王堆汉墓帛书《周易》,其《系辞传》中杂有今本《说卦传》前三章(见于豪亮《帛书周易》)。可见,《说卦传》在流传过程中也不可避免地存在着钞录错讹、或被增删改易的现象。《释文》所引或本第十一章卦象序次之异及《九家》本多出的象例,即可为证。

《说卦传》值得今天继续研究的内容,主要有两方面:一是"先天"、"后天"八卦方位的本来面目及其在历史上产生的各方面影响;二是早期《易》象设立的背景,推衍的规律及其在解《易》、用《易》中的重要功用。这两方面的研究,均当立足于对《周易》"以象为本"的特色的科学辨析,以利于揭示此书特异的象征哲学体系。

《易》以象为本,故《说卦传》专言象以揭其纲;汉儒说《易》,莫不重象,九家逸象、虞氏逸象又一再引其绪。王弼扫象之后,象学虽渐衰,然唐之李鼎祚,宋之朱震,元之吴澄,明之来知德,以及清儒之讲汉《易》者,无论其详略深浅,皆能认识《易》象。近时研究《易》象者,尤以行唐尚节之先生的贡献,最为卓越。先生探象的特点,是以精研《周易》经传为本,进而深究《左传》、《国语》、《逸周书》,尤其是《易林》中由来久远而为人忘忽的象例,发现了失传的《易》象,包括六十四卦的内外卦象、互象、对象、正反象、半象、大象等百二十余例的应用规律。其发明见于所著《焦氏易诂》、《焦氏易林注》、《左传国语易象释》、《周易尚氏学》诸书。于省吾称"先生对《易》象的贡献是空前的"(《周易尚氏学序》),实非虚美之辞。因此,今天研《易》者如欲深入探讨《说卦传》的象例,或进而广泛研究先秦两汉以来的各家《易》说,以新的科学方法总结出《易》象规律,则尚先生的学说实是不可或缺的津梁。

序卦传

有天地然后万物生焉。盈天地之间者唯万物,故受之以《屯》;屯者盈也,屯者物之始生也。物生必蒙,故受之以《蒙》;蒙者蒙也,物之稚也。物稚不可不养也,故受之以《需》;需者饮食之道也。饮食必有讼,故受之以《讼》。讼必有众起,故受之以《师》;师者众也。众必有所比,故受之以《比》;比者比也。比必有所畜,故受之以《小畜》。物畜然后有礼,故受之以《履》。履而泰,然后安,故受之以《泰》;泰者通也。物不可以终通,故受之以《否》。物不可以终否,故受之以《同人》。与人同者,物必归焉,故受之以《大有》。有大者不可以盈,故受之以《谦》。有大而能谦必豫,故受之以《豫》。豫必有随,故受之以《随》。以喜随人者必有事,故受之以《蛊》;蛊者事也。有事而后可大,故受之以《临》;临者大也。物大然后可观,故受之以《观》。可观而后有所合,故受之以《噬嗑》;嗑者合也。物不可以苟合而已,故受之以《贲》;贲者饰也。致饰然后亨则尽矣,故受之以《剥》;剥者剥也。物不可以终尽,剥穷上反下,故受之以《复》。复则不妄矣,故受之以

《无妄》。有无妄然后可畜,故受之以《大畜》。物畜然后可养,故受之以《颐》;颐者养也。不养则不可动,故受之以《大过》。物不可以终过,故受之以《坎》;坎者陷也。陷必有所丽,故受之以《离》;离者丽也。

有天地然后有万物,有万物然后有男女,有男女然后有夫妇,有夫妇然后有父子,有父子然后有君臣,有君臣然后有上下,有上下然后礼义有所错。夫妇之道不可以不久也,故受之以《恒》;恒者久也。物不可以久居其所,故受之以《遁》;遁者退也。物不可以终遁,故受之以《大壮》。物不可以终壮,故受之以《晋》;晋者进也。进必有所伤,故受之以《明夷》;夷者伤也。伤于外者必反其家,故受之以《家人》。家道穷必乖,故受之以《睽》;睽者乖也。乖必有难,故受之以《蹇》;蹇者难也。物不可以终难,故受之以《解》;解者,缓也。缓必有所失,故受之以《损》。损而不已必益,故受之以《益》。益而不已必决,故受之以《夬》;夬者决也。决必有所遇,故受之以《姤》;姤者遇也。物相遇而后聚,故受之以《萃》;萃者聚也。聚而上者谓之升,故受之以《升》。升而不已必困,故受之以《困》。困乎上者必反下,故受之以《井》。井道不可不革,故受之以《革》。革物者莫若鼎,故受之以《鼎》。主器者莫若长子,故受之以《震》;震者动也。物不可以终动,止之,故受之以《艮》;艮者止也。物不可以终止,故受之以《渐》;渐者进也。进必有所归,故受之以《归妹》。得其所归者必大,故受之以《丰》;丰者大也。穷大者必失其居,故受之以《旅》。旅而无所容，故受之以《巽》；巽者入也。入而后说之，故受之以《兑》；兑者说也。说而后散之，故受之以《涣》；涣者离也。物不可以终离，故受之以《节》。节而信之，故受之以《中孚》。有其信者必行之，故受之以《小过》。有过物者必济，故受之以《既济》。物不可穷也，故受之以《未济》终焉。

【译文】有了天地然后万物才开始产生。最初充盈天地之间的只有万物（初生时的絪缊气息），所以（《周易》首先设定了象征天地的《乾》、《坤》两卦）接着是象征事物"初生"的《屯》卦；"屯"表示阴阳初交时的孕育之气充塞满盈，"屯"的意思又指事物开始萌生。事物初生必然蒙昧无知，所以接着是象征"蒙稚"的《蒙》卦；"蒙"表示蒙昧，就是事物幼稚的意思。事物幼稚不可不加以养育，所以接着是象征"需待"的《需》卦；"需"含有需待饮食的道理。面临饮食问题必然有所争讼，所以接着是象征"争讼"的《讼》卦。争讼必然要依靠众人力量的兴起，所以接着是象征"兵众"的《师》卦；"师"是兵士众多的意思。凡是事物众多必然有所比辅，所以接着是象征"亲密比辅"的《比》卦；"比"是比辅的意思。相互比辅必然有所畜聚，所以接着是象征"小有畜聚"的《小畜》卦。事物相畜聚然后要用礼节规范行为，所以接着是象征循礼"小心行走"的《履》卦。循礼小心行走而导致通泰，然后万事均安，所以接着是象征"通泰"的《泰》卦；"泰"是安泰亨通的意思。事物不可能终久通泰，所以接着是象征"否闭"的《否》卦。事物不可能终久否闭，所以接着是象征"和同于人"的《同人》卦。与人和同，外物必然纷纷归附，所以接着是象征"大获所有"的《大有》卦。大获所有的人不应当盈满自傲，所以接着是象征"谦虚"的《谦》卦。既获广大又能谦虚的人必然愉乐,所以接着是象征"愉乐"的《豫》卦。与人共相愉乐必然有人随从,所以接着是象征"随从"的《随》卦。以喜悦之心随从于人的必然有所用事,所以接着是象征"拯弊治乱"的《蛊》卦;"蛊"含有拯治事务的意思。能够拯治事务而后功业可以盛大,所以接着是象征"高临"于众人的《临》卦;"临"含有功业盛大而居高治下的意思。事物尊高盛大然后可以受人观仰,所以接着是象征"观仰"的《观》卦。可以受人观仰而后上下有所融合,所以接着是象征"啮合"的《噬嗑》卦;"嗑"是相合的意思。事物不能草率交合,所以接着是象征"文饰"的《贲》卦;"贲"是文饰的意思。过分致力于文饰然后亨通的路途就穷尽了,所以接着是象征"剥落"的《剥》卦;"剥"是剥落穷尽的意思。事物不可能终久穷尽,剥落穷尽于上就导致回复于下,所以接着是象征"回复"的《复》卦。能回复正道就不至于胡作妄为,所以接着是象征"不妄为"的《无妄》卦。能够不妄为然后可以畜聚外物,所以接着是象征"大为畜聚"的《大畜》卦。事物大为畜聚然后可以施用于颐养,所以接着是象征"颐养"的《颐》卦;"颐"是颐养的意思。没有充足有余的颐养就不可能振作兴动,所以接着是象征"大为过甚"的《大过》卦。事物不能终久过甚,过极必险所以接着是象征"险陷"的《坎》卦;"坎"是险陷的意思。遭遇险陷必然要有所附丽才能获援脱险,所以接着是象征"附丽"的《离》卦;"离"是附丽的意思。

有了天地然后才有万物,有了万物然后才有男性女性,有了男性女性然后才能配成夫妇,有了夫妇繁衍后代然后才产生父子,有了父子然后(人类发展愈多,须加治理)才出现了君臣,有了君臣然后才产生上下尊卑的名分,有了上下尊卑的名分然后礼义才有所安置。(象征"交感"的《咸》卦所揭示的)夫妇道理不能不恒久存在,所以(《咸》卦之后)接着是象征"恒久"的《恒》卦;"恒"是恒久的意思。事物不可能长久安居于一个处所,所以接着是象征"退避"的《遁》卦;"遁"是退避远去的意思。事物不能终久退避(必将重新振兴盛大),所以接着是象征"大为强盛"的《大壮》卦。事物不可能终久安守壮盛而无所进取,所以接着是象征"晋长"的《晋》卦;"晋"是晋长升进的意思。往前进取必然有所损伤,所以接着是象征"光明殒伤"的《明夷》卦;"夷"是损伤的意思。在外遭受损伤的人必然要返回家中(以求家庭温暖的慰藉),所以接着是象征"一家人"的《家人》卦。家庭(成员都是至亲,要是失于节制,荡检逾闲,将会)流于穷困必然要产生种种乖背睽违的事端,所以接着是象征"乖背睽违"的《睽》卦;"睽"是乖背睽违的意思。事物乖背睽违必然导致蹇难,所以接着是象征"蹇难"的《蹇》卦;"蹇"是蹇难的意思。事物不可能终久蹇难,所以接着是象征"舒解"的《解》卦;"解"是舒缓解散的意思。过于舒缓必然有所损失,所以接着是象征"减损"的《损》卦。能够不断自我减损(施益他人)必然也受人增益,所以接着是象征"增益"的《益》卦。增益不止必然满盈流溃而被断然决除,所以接着是象征"决断"的《夬》卦;"夬"是决断(清除邪恶)的意思。决断(清除邪恶)必然有所喜遇,所以接着是象征"相遇"的《姤》卦;"姤"是相遇的意思。事物相遇而后会聚,所以接着是象征"会聚"的《萃》卦;"萃"是会聚的意思。会聚而能上进就叫作上升,所以接着是象征"上升"的《升》卦。上升不止必然要困穷,所以接着是象征"困穷"的《困》卦。困穷于上的必然要返归于下(以求安居),所以接着是象征"水井"的《井》卦。水井的道理(历久必秽），不能不变革整治，所以接着是象征"变革"的《革》卦。变革事物没有比鼎器（化生为熟）更显著的，所以接着是象征"鼎"器的《鼎》卦。主持鼎器的人没有比长子更适合的，所以接着是象征权威"雷动"的《震》卦；"震"是雷震奋动的意思。事物不能终久奋动，应当适当抑止，所以接着是象征"抑止"的《艮》卦；"艮"是抑止的意思。事物不可能终久抑止（必将逐渐前进），所以接着是象征"渐进"的《渐》卦；"渐"是渐进的意思。渐进必将有所依归，所以接着是象征"嫁出少女"的《归妹》卦。事物获得依归必然丰大，所以接着是象征"丰大"的《丰》卦；"丰"是丰大的意思。穷极丰大的人必将丧失安居的处所，所以接着是象征"行旅"的《旅》卦。行旅而无处容身（必然要顺从于人才能进入客居处所），所以接着是象征"顺从"的《巽》卦；"巽"含有顺从则能入的意思。进入适宜的居所而后心中欣悦，所以接着是象征"欣悦"的《兑》卦；"兑"是欣悦的意思。心中欣悦而后能推散其所悦，所以接着是象征"涣散"的《涣》卦；"涣"是涣发离散的意思。事物不能终久无节制地涣发离散，所以接着是象征"节制"的《节》卦。有所节制就应当用诚信来守持，所以接着是象征"中心诚信"的《中孚》卦。坚守诚信的人必然要过为果决地履行职责，所以接着是象征"小有过越"的《小过》卦。（美善的行为）有所过越者办事必能成功，所以接着是象征"事已成"的《既济》卦。事物的发展不可能穷尽（成功之后又将带来新的未成功因素），所以接着是象征"事未成"的《未济》卦作为《周易》六十四卦的终了。

【总论】《序卦传》是分析《周易》六十四卦的编排次序，并揭示诸卦前后相承的意义。

全文分为两段：前段叙上经卦次，后段叙下经卦次。此篇创作宗旨及命名之义，孔颖达认为："六十四封分为上下二篇，其先后之次，其理不见，故孔子就上下二经，各序其相次之义，故谓之《序卦》焉。"(《正义》)

文中以简约的语言概括诸卦名义，有与卦义切合者，有仅取其一端为说者，目的均在揭明卦与卦之间的有机联系，而不在于阐析各卦的完整意义。韩康伯指出："《序卦》之所明，非《易》之蕴也。"(《正义》引)苏轼也说："《序卦》之论《易》，或直取其名而不本其卦者多矣，若赋诗断章然，不可以一理求也。"(《东坡易传》)

《序卦传》在分析六十四卦序次之理的同时，集中揭示了事物"相因"、"相反"的两种发展规律。如"节而信之，故受之以《中孚》"，"入而后说之，故受之以《兑》"，即指明事物沿正面的趋势进展；"损而不已必益"，"益而不已必决"，则指明事物向相反的方面转化。蔡清曰："《序卦》之义，有相因者，有相反者。相反者，极而变者也；相因者，其未至于极者也。总不出此二例。"(《折中》引)文中释义尽管简约，但卦次编排的原理，作者的辩证哲学观点，均得到显明的反映。可以说，《序卦传》是一篇颇具哲理深度的六十四卦推衍纲要。

《序卦传》还披露了一个客观事实：今本六十四卦的卦序及上下经的区分，是相沿已久的。张载曰："《序卦》相受，圣人作《易》当有次序。"(《横渠易说》)项安世曰："《易》之称上下经者，未有考也。以《序卦》观之，二篇之分，断可知矣。"(《周易玩辞》)两人所论，正是基于上述事实而发。当然，《周易》创定之初，卦次是否如此编排，上下经是否如此区分，尚待将来学术界的进一步考证。

应当指出，马王堆帛书《周易》的卦序，与《序卦传》所列为两种不同的体例。帛书六十四卦以上卦为纲、下卦为目排列，此种排列方式比较便于检索，当是后人为了占筮实用而作的改编(见《马王堆帛书六十四卦释文》及张政烺《帛书六十四卦跋》，两者均载《文物》一九八四年第三期)。然而，经过改编的帛书卦序，各卦之间已不复存在着哲理的联系；因此，对于考究《序卦传》的叙《易》原理，就没有什么用处了。

杂 卦 传

《乾》刚《坤》柔,《比》乐《师》忧;《临》、《观》之义,或与或求。《屯》见而不失其居,《蒙》杂而著。《震》起也,《艮》止也;《损》、《益》盛衰之始也。《大畜》时也,《无妄》灾也。《萃》聚而《升》不来也,《谦》轻而《豫》怠也。《噬嗑》食也,《贲》无色也;《兑》见而《巽》伏也。《随》无故也,《蛊》则饬也。《剥》烂也,《复》反也。《晋》昼也,《明夷》诛也;《井》通而《困》相遇也。《咸》速也,《恒》久也;《涣》离也,《节》止也。《解》缓也,《蹇》难也。《睽》外也,《家人》内也;《否》、《泰》反其类也。《大壮》则止,《遁》则退也。《大有》众也,《同人》亲也;《革》去故也,《鼎》取新也;《小过》过也,《中孚》信也。《丰》多故也,亲寡《旅》也;《离》上而《坎》下也。《小畜》寡也,《履》不处也。《需》不进也,《讼》不亲也。《大过》颠也,《姤》遇也,柔遇刚也。《渐》女归待男行也。《颐》养正也,《既济》定也。《归妹》女之终也,《未济》男之穷也。《夬》决也,刚决柔也;君子道长,小人道忧也。

【译文】《乾》卦阳刚、《坤》卦阴柔,《比》卦欣乐、《师》卦烦忧;

《临》、《观》两卦的意义，或施予或营求。《屯》卦生机呈现而不失所居，《蒙》卦交错于明暗而童真昭著。《震》卦奋动振起，《艮》卦稳静安止；《损》、《益》两卦是盛衰互转的开始。《大畜》卦适时畜聚，《无妄》卦谨防飞灾。《萃》卦会聚共相处而《升》卦上升不返来，《谦》卦轻己必重人而《豫》卦纵乐必懈怠。《噬嗑》卦啮合如口进食，《贲》卦美饰不须色彩；《兑》卦欣悦外现而《巽》卦顺从内伏。《随》卦毫无成见，《蛊》卦用心治乱。《剥》卦烂熟剥落，《复》卦重返正本。《晋》卦如白昼太阳进长，《明夷》卦如暮夜光明殒伤；《井》卦滋养广通而《困》卦前途被挡。《咸》卦感应神速，《恒》卦恒心永久；《涣》卦离披涣散，《节》卦制约不流。《解》卦松懈舒缓，《蹇》卦坎坷艰难。《睽》卦乖违于外，《家人》卦和睦于内；《否》、《泰》两卦是相反的事类。《大壮》卦强盛知止，《遁》卦时穷退避。《大有》卦所有众多，《同人》卦与人亲近；《革》卦革除故旧，《鼎》卦烹饪取新。《小过》卦小有过越，《中孚》卦中心诚信。《丰》卦丰大则多事，亲朋寡少是《旅》卦；《离》卦火焰炎上而《坎》卦水势流下。《小畜》卦畜聚甚少，《履》卦循礼而行未敢安处中道。《需》卦审慎需待不能躁进，《讼》卦争讼纷起难以相亲。《大过》卦颠殒常理；《姤》卦不期而遇，阴柔遇合阳刚。《渐》卦如女子出嫁，待男子礼备而成双。《颐》卦养身持正，《既济》卦事成安定。《归妹》卦是女子终得依归之时，《未济》卦是男子穷极行事之际。《夬》卦处事决断，是阳刚决除阴柔；说明君子之道盛长，小人之道困忧。

【总论】《杂卦传》取名于"杂"的意旨，韩康伯云："杂糅众卦，错综其义。"（《韩注》）可见，本篇是打散《序卦传》所揭明的卦序，把六十四卦分为三十二组两两对举,以精要的语言说明卦义。

文中对举的两卦之间,一般在卦形上非"错"(旁通)即"综"(反对),在卦义上多成相反。如《乾》卦纯阳(☰),义主"刚健";旁通为《坤》卦纯阴(☷),义主"柔顺"。又如《睽》卦下兑上离(☲),义主"乖违于外";反对为《家人》卦下离上巽(☴),义主"相亲于内"。之所以如此对举见义,一方面由于事物的发展往往在正反相对的因素中体现其规律;另一方面六十四卦的卦体形式均存在反对、旁通的现象,尚先生云:"卦象正则如此,反则如彼也。"(《尚氏学》)

这种"错"、"综"规律,是《杂卦传》作者所着重表现的内容,集中揭示了《周易》在卦形结构上反映的辩证观点。

但文中自《大过》卦以下八卦,不以相对卦为说,《易》家有多种不同看法。今引四说以备参考:

(一)虞翻认为,《大过》卦(☱)"木灭于泽"为"死象",下互《姤》卦(☴),上互《夬》卦(☱),故次以《姤》而终《夬》(见《集解》引)。

(二)干宝认为:"《杂卦》之末,又改其例,不以两卦反复相酬者,以示来圣后王,明道非常道,事非常事也。化而裁之存乎变,是以终之以《夬》,言能决断其中,唯阳德之主也。"(《集解》引)

(三)朱熹指出:"自《大过》以下,卦不反对,或疑其错简。今以韵叶之,又似非误。未详何义。"(《本义》)朱子的看法,是存疑待决。

(四)尚先生认为:"宋儒颇以为错简,然曰'女之终'、'男之穷',上下对文,似非错简。"并谓诸卦"虽不对举,而义仍反对。"(《尚氏学》)

以上四说均言之成理,当并存备考。

《杂卦传》除了以两卦对举明义为特点外,在六十四卦的整体排列上,还可以看出作者用心细密之处:如前部分三十卦始于《乾》、《坤》,后部分三十四卦始于《咸》、《恒》,既合上下经卦数,又各以上下经的居首两卦为首;而篇末以《夬》卦居终,义取"刚决柔,君子道长,小人道忧",深合《周易》推尚"阳刚正道"的宗旨,并与全《易》始于《乾》卦相应。由此可知,《杂卦传》虽"杂"叙诸卦,其条理却秩然分明,实当视为《序卦传》的姐妹篇。

还应当提及,《杂卦传》属于通篇用韵的韵体文。这一特点,与卦爻辞及《象传》、《彖传》等均多叶韵又相应合,是研究上古韵的重要参考资料。